Más allá
de tu mente

ALAN WATTS

Más allá de tu mente

Embaucadores, interdependencia

y el juego cósmico del escondite

EDICIONES OBELISCO

Si este libro le ha interesado y desea que le mantengamos informado de nuestras publicaciones, escríbanos indicándonos qué temas son de su interés (Astrología, Autoayuda, Ciencias Ocultas, Artes Marciales, Naturismo, Espiritualidad, Tradición…) y gustosamente le complaceremos.

Puede consultar nuestro catálogo en www.edicionesobelisco.com

Colección Psicología
MÁS ALLÁ DE TU MENTE
Alan Watts

1.ª edición: abril de 2019

Título original: *Out of your mind*

Traducción: *Diana Tarragó*
Maquetación: *Marga Benavides*
Corrección: *Sara Moreno*
Diseño de cubierta: *Enrique Iborra*

© 2017, Alan Watts por el texto, © 2017, Mark Watts por el prólogo
Traducción publicada según licencia con Sounds True Inc.
(Reservados todos los derechos)
© 2019, Ediciones Obelisco, S. L.
(Reservados los derechos para la presente edición)

Edita: Ediciones Obelisco, S. L.
Collita, 23-25 Pol. Ind. Molí de la Bastida
08191 Rubí - Barcelona - España
Tel. 93 309 85 25 - Fax 93 309 85 23
E-mail: info@edicionesobelisco.com

ISBN: 978-84-9111-436-9
Depósito Legal: B-6.398-2019

Printed in Spain

Impreso en los talleres gráficos de Romanyà/Valls, S. A.
Verdaguer, 1 - 08786 Capellades (Barcelona)

Agradecimientos

Especial agradecimiento a Robert Lee por plasmar estas conferencias con tal excelencia en un magnífico libro y a Tami Simon y a todo su equipo de Sounds True por recopilar una magnífica colección de conferencias y transformarlas en lo que se ha convertido, a lo largo de los años, en algo tan espectacular como ha sido la producción y publicación de *Más allá de tu mente*.

Prólogo por Mark Watts

A mediados de los años cincuenta, mi padre captó a un gran número de seguidores a raíz de las conferencias que daba en la emisora de radio KPFA en Berkeley, California. Esas conferencias propiciaron, al poco tiempo, su *best seller Way of Zen* y su pionero *Psychotherapy East and West*. Su enfoque tuvo una gran acogida en el Área de la Bahía, donde un público de mente abierta presenciaba cómo se analizaba la sabiduría asiática a través de la mirada innovadora de la psicología occidental y de los descubrimientos científicos emergentes de la era posatómica. En sus conferencias, Alan solía defender que el budismo debía concebirse como una forma de psicoterapia y no compararse, en ningún caso, con las religiones de Occidente. En vez de eso, él estaba convencido de que, en esencia, la conciencia ecológica y la experiencia mística eran expresiones de una misma expresión de la conciencia. A mediados de los años sesenta y gracias a sus conferencias en la radio y sus libros de gran relevancia, Alan hizo su primera incursión en el círculo universitario; durante los siguientes doce años estuvo impartiendo conferencias para un amplio público, seminarios para grupos más reducidos e incluso para grupos por todo el país. Muchas de estas sesiones fueron grabadas y recopiladas.

Prácticamente diez años después, tras revisar docenas de seminarios que mi padre grabó entre finales de los años sesenta y principios de los setenta, seleccioné las grabaciones (que fluyen las unas con las otras en perfecta armonía) de seis acontecimientos históricos que se convirtieron en la colección de audios llamada Out of Your Mind. Todas ellas son lecciones excepcionales que incluyen: *The Nature of Consciousness,*

Web of Life, Inevitable Ecstasy, The World as Just So, The World as Self, y *The World as Emptiness.*

Tras su publicación, Out of Your Mind tuvo un éxito inmediato y se convirtió así, con los años, en una de las series de Alan Watts más escuchadas de todos los tiempos, atrayendo a todo tipo de audiencia de todo el mundo.

Estas series de conferencias empiezan tratando temas universales que incluyen cuestiones esenciales sobre la percepción compartida, la cosmología comparativa y el papel que desempeña el ser humano en el mundo natural. En estas conferencias, mi padre demostró de forma convincente que nuestro sentido común en Occidente está arraigado a una ciencia obsoleta y a unas bases culturales que predominaron en el siglo XIX. Siempre dispuesto a desafiar el *statu quo*, Alan desmintió suposiciones que muchos daban por sentadas y demostró así que la «realidad cotidiana» del mundo occidental ha quedado totalmente desfasada y que está muy lejos de ser la verdadera realidad.

A medida que iba exponiendo sus argumentos, también ofrecía soluciones tanto psicológicas como cosmológicas y, acercándose a la perspectiva del budismo que exploraba en sus seminarios, ofreció una nueva y convincente perspectiva alternativa en la que todos nosotros y el universo somos inseparables y al mismo tiempo también somos expresiones de «todo lo que sucede». En esta visión definitiva y recíproca del mundo no sólo encontramos nuestro lugar en la naturaleza surgiendo de ella, sino que encontramos también las herramientas necesarias para compartir con los demás esta perspectiva de vida capaz de romper con todos los esquemas mentales.

A pesar de ser consciente de la fuerte repercusión que tenían sus conferencias, nunca imaginé lo que estaba por llegar a medida que éstas fueron expandiéndose por el mundo. Aparte de su popularidad entre los oyentes de Sounds True, la colección de conferencias empezó a atraer a un público nuevo y más joven, y unos cuantos años después de su publicación empezaron a aparecer citas y vídeos con cierta frecuencia por las redes sociales. También aparecieron publicaciones creativas en formato audiovisual basadas en clips que llegaron a obtener millones de visitas (20 millones la última vez que se contabilizaron), pero, sin duda, el aspecto más gratificante de seguir con el trabajo de mi padre es poder ver cómo estas ideas llegan a la vida de muchas personas, adquieren nuevas formas y continúan expandiéndose.

PRIMERA PARTE

LA NATURALEZA
DE LA CONSCIENCIA

Capítulo 1

Los modelos cosmológicos del mundo

Me gustaría empezar analizando algunas ideas básicas que determinan nuestro sentido común en Occidente; es decir, nuestras nociones fundamentales sobre la vida. El origen de estas ideas se remonta en nuestro pasado histórico y tienen una influencia sobre nosotros mucho más abrumadora de lo que realmente creemos. Me refiero a nuestras creencias más básicas y fundamentales sobre el mundo, aquellas que han sido integradas en nuestro sistema lógico y en la misma naturaleza del lenguaje que utilizamos para comunicarnos.

A partir de ahora utilizaré la palabra *mito* para referirme a estas ideas, no para indicar que algo es completamente falso, sino para evocar la imagen de algo extraordinariamente poderoso. En este caso, un mito es una imagen que nos sirve para entender el mundo. En la actualidad, vivimos bajo la influencia de dos imágenes muy poderosas, ambas completamente inapropiadas en el estado actual en el que se encuentra el conocimiento científico. Uno de los retos más importantes hoy en día consiste en reemplazar esos mitos por una imagen del mundo mucho más apropiada, satisfactoria y sensata que se corresponda con lo que realmente experimentamos en él.

Así pues, las dos imágenes básicas del mundo que llevan más de dos mil años operativas son, en esencia, modelos de universo: el modelo creacionista y el modelo mecanicista. Veamos en qué consiste el primero de ellos.

El modelo creacionista del universo tiene su origen en el libro del Génesis, y a partir de este libro, el judaísmo, el cristianismo y el islam conforman su imagen primaria del mundo. Esta imagen no es otra que la de un artefacto creado por el Creador, de la misma manera que un ceramista trabaja la cerámica para hacer vasijas o un carpintero fabrica mesas y sillas a partir de madera. No olvidemos que Jesús, hijo de Dios, es también hijo de un carpintero. De ese modo, la imagen que tenemos de Dios es la de un ceramista, un carpintero, un técnico o un arquitecto que creó el universo según su voluntad.

La noción de que el mundo consiste en *cosas* (primordiales o substanciales) es la esencia de este primer modelo de universo. Del mismo modo que un ceramista somete y transforma la cerámica a su voluntad, el creador confecciona el universo a partir de estas piezas esenciales, sirviéndose de ellas para lograr la forma más caprichosa. En el libro del Génesis, el Señor Dios crea a Adán a partir de polvo: fabrica un figurín de cerámica, le infunde un don y le da vida. La cerámica recibe toda esa información ya que, por sí misma, carece de forma e inteligencia y eso hace que requiera de una inteligencia externa (una energía externa) para cobrar vida y adquirir algún sentido.

Así es como nosotros heredamos este concepto de ser artefactos, seres que hemos sido fabricados. En nuestra cultura, los niños les preguntan a sus padres «¿Cómo me hicieron?», «¿Quién me creó?». Los niños chinos o indios (más específicamente hindús), sin embargo, no se hacen este tipo de preguntas. Un niño chino le pregunta a su madre «¿Cómo crecí?». Aquí tenemos dos conceptos totalmente distintos: crecer y hacer. Cuando creas algo, primero hay que unificar las piezas, ponerlas en su sitio y trabajar las desde fuera hacia adentro. De nuevo, éste es el sistema que utiliza un ceramista para modelar la cerámica o un escultor cuando trabaja la piedra. Sin embargo, cuando observamos el crecimiento, la dirección es la opuesta: desde dentro hacia fuera. El crecimiento implica expansión, desarrollo y apertura, y todo eso ocurre en un mismo cuerpo y al mismo tiempo. La forma original y más simple de una célula viva en el útero va volviéndose, a medida que se desarrolla, cada vez más compleja.

Así pues, el proceso de crecimiento puede considerarse opuesto al proceso de creación. Hay que tener en cuenta que en este modelo hay una diferencia esencial entre aquel que crea y aquello que es creado; es decir, entre el creador y su creación.

¿De dónde surgió esa idea? Básicamente, el modelo creacionista del universo tuvo sus orígenes en culturas con un gobierno de carácter monárquico. Para ellos, el creador del universo fue también concebido como el rey del universo («el Rey de los reyes, el Señor de los señores, el único Gobernador de los príncipes...»). Éstas son citas del Libro de Oración Común. Aquellas personas que se presentan ellas mismas ante el universo de esta manera conciben su realidad más cotidiana como lo haría un súbdito con un rey, es decir, adoptando una actitud servicial hacia aquel que lleve la voz cantante. Me resulta bastante curioso que aquí, en Estados Unidos, una población como la nuestra gobernada por un sistema democrático siga sosteniendo esta teoría monárquica del universo.

La idea de que debemos arrodillarnos, inclinarnos y postrarnos ante el Señor del universo con humildad y respeto es un remanente de las culturas del antiguo Oriente. ¿Y eso por qué? Básicamente, porque no hay nadie que más aterrorizado que un tirano, y por eso siempre lo verás sentado con la espalda contra la pared mientras tú debes acercarte a él desde una altura inferior y con el rostro mirando hacia el suelo. De esta manera no podrás atacarle con un arma. Cuando te acercas a él, en ningún momento te incorporas para mirarle, porque entonces podrías atacarle. Y motivos no te faltarían, porque no hay peor criminal que aquel que, como él, se adueña de tu vida. En otras palabras, aquel que tiene el poder tiene también total potestad de cometer crímenes contra ti, y los criminales son aquellos que, en primer lugar, deberían estar en prisión.

Fijémonos ahora en el diseño de las iglesias. ¿Qué aspecto tienen? Aunque en algunos casos ya no sea así, durante muchos años la Iglesia católica situaba el altar en la parte este del edificio con la parte de atrás pegada a la pared. El altar representa el trono, y el cura, el líder (el visir de la corte), quien se inclina en señal de respeto hacia el trono, situado justo delante, mientras los demás nos postramos también ante éste. Las catedrales católicas más suntuosas son conocidas como basílicas, del griego *basileus* que significa «rey». Así pues, una basílica es la casa del rey, y los rituales de la Iglesia católica están basados en los rituales de la corte de Bizancio. Una iglesia protestante dista un poco de la católica (recuerda más a un tribunal judicial), pero su apariencia traiciona una creencia propia del mismo modelo de universo: en una corte americana, el juez viste una toga negra como hacían los ministros protestantes mientras todos los demás se sientan en una especie de estrado (púlpitos y bancos muy parecidos a los que utilizan el juez y los miembros del tribunal para sentarse).

La apariencia que muestra el cristianismo al mundo deja entrever una visión autocrática de la naturaleza del universo, y así lo refleja la arquitectura de sus iglesias. La versión católica construye todo alrededor del rey, mientras que el diseño de la iglesia protestante gira alrededor del juez. Pero cuando intentas aplicar estas imágenes al universo (a la verdadera naturaleza de la vida) te das cuenta de lo limitadas que son.

Para empezar, analicemos la supuesta separación que hay entre materia y espíritu (un concepto esencial en el modelo creacionista). ¿Qué es la materia? Ésta es una pregunta que los físicos intentaron resolver años atrás con el afán de saber de qué materia estaba compuesto el mundo. Pero ya hace tiempo que dejaron de hacerse esta pregunta, porque cuando exploraron la naturaleza de la materia, los físicos se percataron de que sólo podían describirla en términos de comportamiento (en términos de forma y de patrones). Al encontrar partículas cada vez más pequeñas (átomos, electrones, protones y todo tipo de partículas nucleares) no consigues nunca obtener nada esencial, por lo que sólo pueden describirse por su comportamiento.

Lo que sucede es lo siguiente: utilizamos la palabra *cosas* porque así es como concebimos el mundo cuando nuestros ojos están desenfocados. Pensamos en *cosas* como si se tratara de algún tipo de mejunje indiferenciado, pero eso se debe básicamente a que estamos viendo borroso. Si enfocamos nuestra visión, somos capaces de ver formas y patrones, y de lo único que podemos hablar realmente aquí es de patrones. La imagen del mundo que nos ofrecen las creaciones más sofisticadas de la física no es una con *cosas* formadas o de vasijas de cerámica, sino de patrones (patrones danzantes con diseño y movimiento propio). Pero para nuestro sentido común, esta imagen es aún totalmente desconocida.

Eso nos lleva a la segunda imagen operativa del mundo: el modelo mecanicista. A medida que el pensamiento occidental fue evolucionando, el modelo creacionista empezó a tambalearse. Durante mucho tiempo, la ciencia occidental, influenciada por el judaísmo, el cristianismo y el islam, sostuvo la idea de que existían ciertas leyes naturales que habían sido establecidas desde un principio por el Creador, aquel que creó el universo. Así pues, tenemos cierta tendencia a pensar que los fenómenos naturales se rigen por ciertas leyes preestablecidas, como si se tratara de una máquina que funciona a la perfección (o de un tranvía o un tren que siempre llega puntual). En el siglo XVIII, sin embargo, los intelectuales occidentales empezaron a cuestionarse esa idea, aunque más específicamente la posibilidad de que existiera realmente un creador (o un arquitecto universal). Argumentaron que sí podrían existir leyes universales, pero que éstas no eran obra de un creador.

En otras palabras, la hipótesis de Dios no fue de mucha utilidad a la hora de hacer predicciones, y de eso mismo se ocupa precisamente la ciencia. ¿Qué va a pasar? Primero estudiamos lo que sucedió en el pasado, lo describimos detalladamente y después hacemos predicciones sobre lo que puede suceder en el futuro: en eso consiste la ciencia. Y para ponerlo en práctica y acertar con las predicciones, resulta que no se necesita a Dios como hipótesis porque no influye en absolutamente nada. Por esa razón descartaron la hipótesis sobre la existencia de Dios y mantuvieron la hipótesis de las leyes, dado que es posible hacer predicciones a partir de comportamientos predecibles en el universo. Así pues, descartaron al creador de las leyes y mantuvieron las leyes.

Y así es como llegamos a la concepción que tenemos actualmente del universo, la de una máquina que funciona basándose en los mismos principios que un mecanismo de relojería. La imagen del mundo que propuso Newton se basa en los billares: los átomos van chocando entre sí como bolas de billar en ángulos previsibles. El comportamiento de cada individuo, por consiguiente, se concibe como una compleja disposición de bolas de billar que impactan con todo lo que las rodea, y exactamente en eso consiste el modelo mecanicista del universo: la noción de la realidad como energía ciega. En el siglo XIX, Ernst Haeckel y T. H. Huxley compartieron esa manera de pensar describiendo el mundo como una mera fuerza sin inteligencia, y también lo hizo la filosofía de Freud, que identificaba nuestra energía psicológica básica con la libido, el deseo ciego.

Así pues, partiendo de esta teoría, todos somos fruto del azar. De esa exuberante energía ciega y como resultado de la más pura casualidad, aquí nos encontramos todos con nuestros valores, nuestro lenguaje, nuestra cultura y nuestro amor. Es como pensar que si miles de monos se pusieran a aporrear miles de máquinas de escribir durante millones de años al final conseguirían escribir la *Enciclopedia Británica* y luego inmediatamente volverían a aporrear las máquinas de escribir sin ton ni son. Pero si aceptamos esta idea y nos aferramos a la vida y a nuestra condición de humanos, nos encontramos que a cada paso que damos tenemos que enfrentarnos a la naturaleza, porque si no lo hacemos la naturaleza nos devolverá a nuestro estado primitivo. Por esa razón imponemos nuestra voluntad sobre el mundo como si se tratara de algo completamente ajeno a nosotros, algo que sólo existe en el exterior, y como consecuencia vivimos en nuestra cultura con esa idea de estar enfrentándonos continuamente con la naturaleza.

Hace falta destacar que en Occidente, la masculinidad suele medirse en términos de agresividad, y es muy probable que eso se deba, en mi opinión, a que tenemos miedo; aparentamos ser rudos y fuertes, pero en realidad toda esa farsa es totalmente innecesaria. Si tienes lo que hay de tener, no hace falta aparentar ni mucho menos someter a la naturaleza a la fuerza. ¿A qué se debe tanta hostilidad?

No eres un ser independiente de la naturaleza, sino un aspecto o síntoma de la naturaleza. Como ser humano, la idea de crecer paralelamente a este universo es comparable a una manzana creciendo fuera de un manzano. Un árbol que da manzanas es un árbol con manzanas, al igual que un universo en el que habitan seres humanos es un universo con seres humanos. La existencia de personas pone de manifiesto el tipo de universo en el que vivimos, pero como estamos bajo la influencia de estos dos grandes mitos (el modelo creacionista y el modelo mecanicista del universo) experimentamos esa sensación de no pertenecer a este mundo. En el lenguaje común utilizamos la expresión «vine al mundo», pero no fue así: nosotros surgimos del mundo.

La mayoría de la gente tiene la sensación de ser *algo* que existe únicamente dentro de un cuerpo de huesos y piel, de ser una consciencia que observa a este ser, y cuando miramos a aquellos que se parecen a nosotros los consideramos personas sólo si tienen un color de piel, una religión o lo que sea similar a la nuestra. Si nos damos cuenta, siempre que hemos decidido borrar del mapa a cierto grupo de personas nos hemos referido a ellas como si no fueran personas o no exactamente humanos, por lo que les hemos llamamos despectivamente monos, monstruos o máquinas, pero en ningún caso personas. Toda hostilidad que podamos sentir hacia otros y hacia el mundo exterior proviene de esta superstición (de este mito), de esta teoría sin fundamento alguno que reduce nuestra existencia a un mero saco de huesos y piel.

Me gustaría proponer una idea diferente. Partamos de la teoría del Big Bang, aquella que afirma que 1000 millones de años atrás hubo una explosión primordial que esparció todas estas galaxias y estrellas por el espacio; digamos en pro del argumento que fue así, como si alguien hubiera cogido un bote de tinta y lo hubiera lanzado contra la pared; la tinta se hubiera esparcido por el impacto desde el centro hacia fuera, donde hubieran quedado en los extremos todas esas gotitas y formas abstractas. Del mismo modo, al comienzo de todo hubo una gran explosión que se expandió después por todo el espacio y, como resultado, ahora estamos aquí tú y yo sentados como seres humanos complejos y aislados en uno de los extremos de esa primera explosión.

Si piensas que eres un ser atrapado bajo tu propia piel, seguramente te definas a ti mismo como una floritura diminuta y compleja entre otras tantas allí fuera en el espacio. Quizás hace 1000 millones de años fuiste parte de ese Big Bang, pero ahora ya no lo eres; ahora eres un ser aparte. Pero eso sólo se debe a que te has distanciado de ti mismo, y todo depende, al fin y al cabo, de cómo te definas. Te propongo una idea alternativa: si hubo una gran explosión al principio de los tiempos, tú no eres el *resultado* de esa explosión al final del proceso. Tú eres el *proceso*.

Tú eres el Big Bang, tú eres esa fuerza original del universo manifestándose en lo que sea que seas en este momento. Tú te defines a ti mismo como señor o señora fulanita de tal, pero en realidad no dejas de ser esa energía primordial del universo que aún sigue en proceso. Lo que ocurre simplemente es que has aprendido a definirte a ti mismo como una entidad separada de todo.

Ésta es una de las suposiciones básicas que deriva de los mitos que nos han hecho creer. Realmente estamos convencidos de que existen cosas por separado y sucesos por separado. Una vez le pregunté a un grupo de adolescentes cómo definirían la palabra «cosa». Al principio dijeron que «una cosa es un objeto», pero eso es un sinónimo, otra palabra diferente para referirnos a una «cosa». Pero entonces una chica avispada del grupo dijo «una cosa es un nombre», y dio en el clavo. Los nombres no forman parte de la naturaleza, sino del lenguaje, y en el mundo físico no existen los nombres ni tampoco las cosas por separado.

El mundo físico es ondulado. Nubes, montañas, arboles, gente; todo está en movimiento. Sólo cuando los seres humanos empiezan a modificar objetos es cuando se crean edificios en línea recta en un intento de hacer del mundo un lugar estático. Y aquí nos encontramos, sentados en habitaciones con todas estas líneas rectas, aunque todos escapamos de aquí para seguir en movimiento.

Controlar algo que está en continuo movimiento es difícil. Un pez es escurridizo; si tratas de cogerlo, se escabulle fácilmente de tu agarre. Entonces, ¿cómo podríamos atraparlo? Utilizando una red. Del mismo modo, utilizamos redes para mantener este mundo en movimiento bajo control. Si quieres controlar algo que está en movimiento, tendrás que arrojar algún tipo de red sobre ello. Y en eso nos basamos para medir el mundo, en redes llenas de agujeros de arriba abajo que nos ayudan a identificar dónde se encuentra cada movimiento. De esta manera es como conseguimos dividir el movimiento en partes. Esta parte del movimiento es una cosa, esta otra parte del movimiento es un suceso, y así es como hablamos sobre cada una de las partes como si estuvieran separadas entre sí. En la naturaleza, sin embargo, el movimiento no viene dado en «partes»; ésa es sólo nuestra forma de medir y controlar patrones y procesos. Si quieres comer pollo, para poder darle un mordisco primero tendrás que cortarlo, ya que no viene a bocados. De la misma manera, el mundo no viene dado en cosas ni sucesos.

Tú y yo tenemos la misma continuidad con el universo físico que una ola con el océano. Las olas del océano y la gente del universo. Pero nos han hipnotizado (literalmente) para que sintamos y percibamos que existimos como entidades separadas y atrapadas bajo nuestra propia piel. No nos identificamos con el Big Bang del principio, sino que creemos que somos el producto final; y eso nos tiene a todos aterrorizados. Creemos que nuestra ola va a desaparecer y que moriremos con ella, y no hay nada más terrible que eso. Como le gustaba decir a un sacerdote que conocí: «No somos nada. Pero algo sucede entre la sala de maternidad y el crematorio». Ésa es la mitología bajo la cual nos regimos, y por eso nos sentimos todos tan infelices y desgraciados.

Algunas personas afirman que son cristianas, que van a la iglesia y que creen en el cielo y en el más allá, pero no es así. Sólo piensan que deberían creer en eso, en las enseñanzas de Cristo, pero en lo que realmente creen es en el modelo mecanicista. La mayoría de nosotros pensamos igual, pensamos que somos algún tipo de casualidad cósmica o algún acontecimiento por separado que ocurre sólo entre la sala de maternidad y el crematorio y que cuando se apagan las luces, se acabó.

¿Por qué alguien pensaría de esta manera? No hay ninguna razón para pensar así, ni siquiera científica; es sólo un mito, una historia inventada por personas para poder sentirse de cierta manera o para poder jugar a cierto juego. Pero a estas alturas, la supuesta existencia de Dios se vuelve cada vez más incómoda. Empezamos con la idea de Dios como alfarero, arquitecto o creador del universo, y eso no estuvo nada mal porque, a fin de cuentas, nos hizo sentir que la vida era importante, que teníamos un propósito y que había un Dios que se preocupaba por nosotros, y eso hizo que nos sintiéramos valiosos ante los ojos del Padre. Pero al cabo de un tiempo, cuando nos dimos cuenta de que Dios podía ver todo lo que hacíamos y sentíamos, incluso nuestros pensamientos y sentimientos más íntimos, eso ya empezó a incomodarnos. Entonces, para poder liberarnos de ese sentimiento nos convertimos en ateos y comenzamos a sentirnos aún peor, porque cuando nos deshacemos de Dios nos deshacemos de nosotros mismos y pasamos a convertirnos en meras máquinas.

Tal y como expuso Camus en *El mito de Sísifo*, «El único problema filosófico realmente serio es el suicidio». Si crees en el modelo mecanicista (en el que eres una especie de consciencia por separado que existe de forma individual allí fuera, en el mecanismo ciego del espacio), plantearse el suicidio no suena tan descabellado. ¿Debería uno suicidarse o no? Ésa es una buena pregunta. ¿Por qué seguir? Sólo deberías seguir adelante si el juego al que estás jugando vale realmente la pena. El universo ha perdurado durante muchísimo tiempo, por lo que una teoría satisfactoria del universo ha de ser una por la que podamos apostar. Es de sentido común: si quieres seguir con el juego necesitas una teoría óptima para jugar, porque, de lo contrario, si el juego carece de sentido, podrías plantearte el suicidio.

Aquellas personas que idearon el modelo mecanicista fueron aquellas que estuvieron jugando a un juego muy divertido para ellas. Decían: «Todos vosotros que creéis en la religión no sois más viejos carcamales y pensadores ilusionados. Queréis que vuestro *papaíto* desde allí arriba en el cielo os consuele en tiempos difíciles, porque la vida es dura y amarga. La única forma de triunfar en la vida es curtiéndote y contratacando; tienes que ser fuerte y enfrentarte a la realidad. La vida no es más un montón de basura, por lo que debes imponer tu voluntad al mundo para hacer que funcione a tu voluntad». Sin duda, una teoría muy conveniente que inventaron los europeos cuando salieron por el mundo a colonizar nativos; fue una manera de justificar sus actos mientras se halagaban ellos mismos.

Incluso hoy en día, si eres una persona inteligente y con estudios, lo que se espera de ti es que creas en el modelo mecanicista, ya que es la única teoría del mundo considerada como respetable. Así que, para considerarte una persona intelectualmente rigurosa, se supone que tienes que ser cuadriculado.

Básicamente hay dos tipos de filosofía: la racionalista y la sentimentalista. Los racionalistas son precisos, razonables y les gusta todo desmenuzado y claro; por otro lado, a los sentimentalistas les gusta más la imprecisión. En la física, los racionalistas son aquellos que creen que la circunscripción fundamental de la materia son las partículas, mientras que los sentimentalistas creen en las ondas. En cuanto a filosofía, las personas racionalistas son positivistas lógicos, mientras que los sentimentalistas son idealistas. Aunque siempre estén discutiendo entre ellos, ninguno de los dos podría posicionarse sin el otro, porque no sabrías que estás posicionándote como racionalista a menos que alguien estuviera posicionándose como sentimentalista. Los racionalistas no pueden concebirse sin los sentimentalistas, aunque la vida no es ni racionalista ni sentimentalista: es sentimentalmente racionalista y racionalmente sentimentalista.

Como filósofo que soy, si nadie discutiera mi punto de vista, no sabría qué pensar. Por esa razón, si tú estás dispuesto a debatir conmigo, sólo puedo estar agradecido, porque es gracias a tu cortesía al tomar un punto de vista diferente al mío como puedo llegar a entender lo que pienso y lo que realmente quiero decir. No puedo, en otras palabras, prescindir de ti.

Toda esta idea de que el universo no es más que una fuerza sin inteligencia que va jugando por allí sin ni siquiera disfrutarlo, es una teoría del mundo bastante ofensiva. Las personas que inventaron este juego (el juego de derribar el mundo) se creyeron superiores por ello. Pero las cosas no son así. Si aceptas esta teoría del mundo, lo único que consigues es aislarte; piensas que el mundo es un mecanismo, una trampa, y comienzas a sentir hostilidad hacia él, como si se tratara de una disposición de mecanismos electrónicos y neurológicos dispuestos de manera totalmente calculadora en los que, de alguna manera, quedas atrapado. Y te quedas atrapado en un cuerpo que poco a poco va degenerando: te diagnostican cáncer o cualquier enfermedad terminal y tu vida se vuelve un auténtico infierno. Aunque estos doctores mecánicos intentarán ayudarte, al final, claro está, fracasarán estrepitosamente. Quieras o no seguirás empeorando, lo que presenta un panorama realmente desalentador, y todo es, en definitiva, una verdadera lástima. Si te encontraras en una situación como ésta y pensaras que así es como funcionan las cosas, casi sería mejor coger y suicidarse.

Tal vez pienses, después de todo, que en algún lugar recóndito te espera un castigo eterno por haberte suicidado; o quizás pienses en tus hijos y en cómo quedarían huérfanos si decidieras suicidarte. Así que no te queda más remedio que seguir viviendo con esta misma forma de pensar que inconscientemente transmites a tus hijos. Luego ellos seguirán viviendo también para ayudar a sus hijos, sin llegar a disfrutar de sus vidas y con el mismo temor a suicidarse, y así sucesivamente.

Lo que intento decir con todo esto es que el modelo mecanicista (la noción básica de sentido común sobre la naturaleza del mundo que tenemos la mayoría de nosotros en Occidente) es simplemente un mito. Es una idea tan irreal como la de Dios Padre con su barba blanca sentado en su trono celestial; ambos son mitos, mitos con muy poco fundamento que distan mucho de la realidad.

Si hay algo que podamos llamar inteligencia, amor o belleza, es algo que encontramos en las personas, y si este tipo de cosas existen en los seres humanos, en nosotros, eso significa que la inteligencia, el amor y la belleza surgen a partir de un esquema de cosas. Las manzanas son fruto de los manzanos, las rosas brotan de los rosales y nosotros surgimos del universo. La tierra no es una inmensa roca infestada de organismos vivos, del mismo modo que tu esqueleto no está compuesto por una serie de huesos infestados de células. Sí, es cierto que la tierra es geológica, pero de esta entidad geológica surgen personas, y nuestra vida en la tierra es característica de un sistema solar con personas, que a su vez es característica de nuestra galaxia, y nuestra galaxia es característica de todo un cuerpo de galaxias, y quién sabe de qué puede ser característico eso.

Como hace un científico al describir el comportamiento de un organismo vivo, cuando nosotros hablamos sobre una persona hablamos de sus acciones. Para describir cómo es esa persona, debemos describir su comportamiento, pero si esa persona se encontrara en un espacio vacío sería imposible; sería como decir que lo único que sucede tiene lugar debajo de su piel. En otras palabras, si lo que queremos es hablar sobre una persona que camina, deberíamos empezar por describir el suelo que pisa, ya que las personas no van colgando las piernas por ahí en espacios vacíos. Nos movemos en relación a algo, es decir, nuestras acciones sólo pueden ser descritas dentro de un contexto. Supongamos por un momento que te estoy hablando: mi manera de hablar no es algo en sí mismo, requiere de tu presencia. Te estoy hablando, y esa acción no puede describirse del todo a menos que también te describa a ti. Para describir mi propio comportamiento debo describir el tuyo, como también el comportamiento del entorno.

Así pues, lo que tenemos es un gran sistema de comportamientos que hace que tú y yo estemos relacionados. No sé quién soy yo a menos que sepa quién eres tú, y tú no sabes quién eres a menos que sepas quién soy yo. Como dijo un sabio rabino una vez: «Si yo soy yo porque tú eres tú, y tú eres tú porque yo soy yo, entonces yo no soy yo, y tú no eres tú». En otras palabras, no estamos separados, sino que nos definimos mutuamente y dependemos el uno del otro. Si apoyamos dos palos uno junto al otro se quedarían de pie porque se sostienen entre sí, pero si quitamos un palo y el otro cae, podemos ver claramente la interdependencia que tiene el uno con el otro. Y esto es exactamente lo que nos pasa: nosotros, nuestro entorno y todo junto somos sistemas interdependientes.

Cualquier buen científico sabe que cuando haces referencia al mundo externo te estas refiriendo tanto a ti como a tu cuerpo. Tu piel en realidad no te separa del mundo, sino que es un puente por el cual el mundo fluye hacia ti y tú fluyes hacia él. Eres como un remolino: un remolino tiene forma definida, pero en ningún momento el agua permanece inmóvil. El remolino es fruto de la corriente, así como nosotros somos fruto del universo. Si te vuelvo a ver mañana, te reconoceré como el mismo remolino que vi ayer, pero que sigue en movimiento. El mundo entero se mueve a través de ti: rayos cósmicos, oxígeno, un bistec detrás de otro, la leche, los huevos y todo lo que comes. Todo fluye a través de ti; eres movimiento y el mundo te mueve.

El problema viene cuando no nos enseñan a pensar de esta manera. Los mitos que subyacen nuestra cultura y nuestro sentido común no nos han enseñado a sentirnos parte del universo, y por eso nos sentimos ajenos a él, como si fuéramos seres por separado enfrentándonos al mundo. Pero necesitamos sentir lo antes posible que cada uno de nosotros somos el universo eterno porque, de lo contrario, vamos a seguir volviéndonos locos, destruyendo el planeta y cometiendo suicidios colectivos cortesía de las bombas nucleares; y nada más. Aunque cabe la posibilidad de que haya vida en algún otro lugar de la galaxia, y quizás ellos sepan jugar de otra manera.

Capítulo 2

La metáfora de la vida
como teatro

El modelo creacionista del mundo (el mundo como un estado político y monárquico en el que todos vivimos entre sufrimientos como súbditos de Dios y en el que hemos sido creados como artefactos que no existen por derecho propio) requiere de una profunda humildad y de agradecimiento eterno. En este mito, solamente Dios existe por sus propios méritos, mientras que los demás existimos como una especie de favor, por lo que *deberíamos* estar muy agradecidos. Es como si un padre estricto dijera: «Mira todo lo que he hecho por ti, todo el dinero que gasté en comprarte ropa decente y en educarte, y ahora resulta que no eres más que un *hippie*, ¡maldito niño ingrato!». Por ello se supone que debes lamentarte profundamente y disculparte por ser quien eres.

Heredamos la idea de que existe un Dios real (el Rey de reyes y el Señor de señores) de las estructuras políticas de Egipto y del valle del Tigris-Éufrates. Freud sugirió que Amenhotep IV (el faraón que abandonó el politeísmo) fue el autor original del monoteísmo de Moisés, mientras que la ley judía tiene sus orígenes en el rey Hammurabi de

Babilonia. Esa gente vivía en culturas donde las pirámides y los zigurats (templos de la antigua Mesopotamia con forma de pirámide) reflejaban claramente una jerarquía de poder, desde el jefe en la parte superior hasta abajo del todo. En el modelo creacionista, el jefe que gobierna el universo desde arriba es Dios.

Así es como heredamos también esa idea de ser nosotros mismos los que gobernamos nuestro propio cuerpo a través del ego (ubicado en algún lugar del cerebro entre los oídos y los ojos), el gobernador. Por eso no concebimos un sistema de orden (un sistema de vida) en el que no exista algún tipo de gobernador. Pero ¿y si existiera?

¿Qué es este universo? ¿Una monarquía? ¿Una república? ¿Un mecanismo o un organismo? Si el universo fuera algún tipo de mecanismo, podríamos deducir que opera por sí mismo (el modelo totalmente automático) o que está controlado por una gran maquinaria (el modelo creacionista). Pero si el universo fuera un *organismo*, podríamos entender que, como todo organismo, se gobierna a sí mismo. Tu cuerpo no tiene jefe. En todo caso, podríamos argumentar que el cerebro es un artilugio desarrollado por el estómago con el objetivo de adquirir alimentos o que el estómago es un dispositivo desarrollado por el cerebro para alimentarlo y mantenerlo vivo. Pero quién lleva las riendas aquí, ¿el cerebro o el estómago?

En realidad, la respuesta es ambos: el cerebro implica el estómago y el estómago implica el cerebro. Es decir, ninguno de los dos es el jefe. ¿Has oído alguna vez la historia sobre el enfrentamiento que hubo entre diferentes partes del cuerpo y el estómago? Las manos, los pies y la boca se rebelaron contra el estómago. Las manos dijeron: «Me esfuerzo para traer comida en la boca»; la boca dijo: «Yo mastico toda esta comida para llevarla al estómago»; y los pies dijeron: «Yo camino y camino para que las manos puedan coger la comida que él quiera». Y todos miraron al estómago como si fuera un órgano perezoso que se pasara todo el día allí sentado. Entonces decidieron darle una lección y se declararon en huelga: las manos no cogían comida, la boca no masticaba y los pies no los llevaron a ninguna parte. Muy pronto empezaron a sentirse cada vez más débiles, porque no reconocieron que la función del estómago era alimentarlos.

No obstante, existe otra posibilidad. Quizás seamos parte de un sistema no delineado por ninguno de los dos mitos prevalecientes. Tal vez no estemos viviendo en un mundo en el que existamos como entes separados de la realidad y que, por ello, debemos que inclinarnos y rogar clemencia para que nuestra existencia perdure; y tal vez no estemos en un mero sistema mecánico en el que no somos más que productos del azar atrapados en el cableado eléctrico de un sistema nervioso que, básicamente, no está muy bien dispuesto. Entonces, ¿cuál es la alternativa al modelo creacionista y al modelo mecanicista? ¿De qué otra imagen podríamos servirnos?

En mi caso, me gustaría proponer la metáfora de la vida como un *teatro*. La base de toda obra (en todas las historias y tramas) consiste en el juego del escondite. Al primer juego que juegas con un bebé es al escondite: te pones un libro delante a la cara y vas echando ojeadas al bebé mientras éste se ríe. El bebé puede comprender perfectamente de qué va el juego porque está cerca de los orígenes de la vida; viene directamente del útero sabiéndolo todo, aunque no pueda expresarlo con palabras. Todas las psicologías infantiles intentan hacer que los niños describan sus sentimientos utilizando la jerga psicológica, pero el bebé aún no ha llegado a ese nivel. Él simplemente sabe. Pones el libro delante de tu cara y desapareces, y luego vas apareciendo por los lados mientras el bebé empieza a reír, porque el bebé es una encarnación reciente de Dios y sabe que el juego del escondite es la base de todo.

Desde niños nos han enseñado a contar y a aprender el abecedario, pero no nos han enseñado exactamente en qué consiste la dinámica entre el blanco y el negro. Hemos aprendido sobre conflictos (negro contra blanco) en vez de aprender sobre polaridades. La diferencia reside en que, aunque dos polos sean opuestos, van juntos. Por ejemplo, los polos de un imán: norte y sur. ¿Qué pasa si cortamos y extraemos la punta norte de un imán? Que el imán restante seguirá teniendo un

31

polo norte y un polo sur, porque no puedes deshacerte de ninguno de los dos polos. Por mucho que estén alejados el uno del otro, no por ello dejan de estar juntos, y no puede existir uno sin el otro. Del mismo modo, aún no somos conscientes de que el blanco y el negro, la vida y la muerte, el bien y el mal y el ser y el no ser proceden de un mismo centro. Uno implica el otro y no puede existir uno sin el otro. El yo y los demás van de la mano como si fueran dos polos del mismo imán.

Cuando algunos en nuestra cultura llegan a un cierto estado de consciencia y proclaman ser Dios, los tomamos por locos o dementes. Le pasa a mucha gente: de la misma manera que alguien puede contagiarse de la gripe o el sarampión, tú también puedes contagiarte de esa forma de pensar y creer que eres Dios. Cuando esto sucede, la interpretación que puedas hacer de esa experiencia dependerá de tu entorno. Por ejemplo, si te proclamas como el Dios del cristianismo popular (Dios como el rey y como jefe político del universo), lo normal para ti sería adquirir poderes omniscientes y que todos se inclinaran ante ti y te adoraran. No obstante, si vives en una cultura hindú y de repente le dices a tus amigos «¡Oye, que soy Dios!», no te tomarán por loco, sino todo lo contrario; enseguida te felicitarán por tu descubrimiento, porque los hindús no tienen esa idea autocrática de Dios. Shiva tiene diez brazos. ¿Cómo puede utilizarlos todos? Utilizar sólo dos ya es bastante difícil. Si quisieras tocar el órgano necesitarías las dos manos para las teclas, los pies para los pedales, y luego intenta tocar tú todos esos ritmos diferentes; es complicado.

Pero en realidad somos verdaderos expertos en esa materia. ¿Cómo lo haces para que te crezca el cabello? ¿Cómo lo haces para que tu corazón palpite? ¿Y para digerir la comida? ¿Cómo eres capaz de hacer todo eso sin pensar? Tú, en tu propio cuerpo, eres omnipotente en el verdadero sentido de la palabra porque eres capaz de realizar un sinfín de tareas necesarias sin ni siquiera pensar en ello.

Cuando era niño, como hacen la mayoría de los niños, le hacía constantemente toda clase de preguntas absurdas a mi madre. Al final se aburrió de responder y dijo: «Cariño, hay ciertas cosas que no se saben», y yo le preguntaba: «¿Pero las llegaremos a saber?», y ella me respondía: «Por supuesto. Cuando muramos y vayamos al cielo, Dios nos los explicará todo». Así que me imaginaba (particularmente en las tardes lluviosas) que en el cielo nos sentaríamos todos alrededor del trono de la Gracia y le haríamos tipo de preguntas: «Dios Padre, ¿por qué las hojas son verdes?», a lo que él respondería: «Por la clorofila, hijo mío», y nosotros diríamos «¡Ah!».

Pero en el universo hindú, si le preguntaras a Dios por qué creó las montañas, él te dirá, «Simplemente las creé», porque no hay palabras para describir cómo se forman las montañas. Es algo que no puede describirse con palabras, como tampoco puedes beberte el océano con un tenedor. Un tenedor sirve para clavarlo en un trozo de carne y luego comértelo, pero no para beber agua del océano. Podrías hacerlo, sí, pero tardarías millones de años y acabarías aburridísimo, de la misma manera que te aburrirías describiendo la formación de las montañas porque, en primer lugar, no se formaron con palabras. Simplemente se formaron, al igual que puedes cerrar y abrir las manos. ¿Cómo describirías eso con palabras? ¿Cómo describirías tu estado consciente? ¿O cómo haces latir tu corazón? Seguramente no puedas describirlo en palabras, pero sí hacerlo.

Aquí está la trampa: creemos que las únicas cosas que realmente sabemos son aquellas que podemos expresar con palabras. Supongamos ahora que me enamoro perdidamente una chica jovencita y mi amigo me pregunta: «¿Pero la quieres de verdad?». ¿Cómo podría demostrarlo? Si fuera elocuente (pongamos que soy poeta) utilizaría el lenguaje de la poesía para convencer a los demás de lo profundos que son mis sentimientos o quizás escribiría las cartas de amor más bellas jamás escritas. Mi amigo las leería y diría: «Sí, no hay duda. La quieres de verdad». Pero ¿qué pasaría si no fuera elocuente? ¿Y si no se me diera bien describir mis sentimientos? Me resultaría mucho más difícil convencer a los demás.

Nuestra cultura juega a un juego muy convincente: lo que sucede en el mundo solamente sucede de verdad si aparece en los periódicos.

Nuestros hijos empiezan a pensar que, a menos que sus nombres salgan en los periódicos, prácticamente no existen. ¿Y cuál es la manera más rápida de hacerlo? Cometiendo un crimen. De esta manera te fotografían, compareces en el tribunal y todo el mundo sabe de tu existencia, aunque sólo si todo ese proceso queda grabado. Si gritas y no oyes un eco, te da la sensación de no haber gritado, y ése es el verdadero problema que tenemos. Nos gusta escuchar ecos, como cuando cantamos en la ducha donde hay más resonancia, por ejemplo, o cuando tocamos un instrumento musical con un resonador incorporado como el violonchelo o el violín. De la misma manera, cuando estamos felices, nuestro córtex cerebral nos hace saber que lo estamos, y eso proporciona una cierta resonancia. Si eres feliz y no lo sabes, ¿de qué te sirve?

He aquí el problema. Varios miles de años atrás, los seres humanos desarrollamos un sistema de autoconsciencia que nos permitió saber que sabemos. Llegados a ese punto en nuestra evolución, dejamos de confiar en nuestros instintos para tener que pensarlo todo y disciplinar nuestras vidas conforme a previsiones de futuro, palabras, símbolos, cálculos, etc. Pero luego vinieron las preocupaciones: una vez que empiezas a pensar las cosas, te empieza a preocupar el hecho de no haberlo pensado suficiente. ¿Has tomado todos los detalles en consideración? ¿Has revisado correctamente todos los hechos? Cuanto más lo piensas, más te das cuenta de que en realidad no puedes pensar en todo, porque las variables en cualquier decisión humana son incalculables. Y entonces es cuando empiezas a sufrir ansiedad: éste es el precio que pagas por saber que sabes y por poder pensar en pensar, y esto es lo que hace que nos encontremos en esta situación insólita.

Esta consciencia reflexiva puede suponer una gran ventaja, pero también una desventaja enorme. Somos conscientes de la realidad y tenemos símbolos que la representan; tenemos posesiones y dinero que representan un tipo de riqueza. Pero si no te das cuenta de que el símbolo es algo secundario, no valoraras las cosas por lo que son. Es como cuando vamos al supermercado, nos llenamos el carrito de comida y nos dirigimos al cajero, donde nos dicen: «son sesenta y tres euros, por favor». ¿Y qué ocurre? Que nos deprimimos, porque no nos damos cuenta de que acabamos de intercambiar un papel por el valor simbólico de sesenta y tres euros por un verdadero cargamento de comida. Sólo nos lamentamos por la pérdida de sesenta y tres euros, cuando en realidad la verdadera riqueza está en la bolsa de la compra. Pero nos deprimimos, nos deprimimos porque en nuestro sistema, el símbolo se ha vuelto más valioso que la realidad. El dinero representa el poder y la virtud, mientras que las posesiones como la comida son, para nosotros, algo común y básico porque comer es simplemente una necesidad. Y pensar así provoca una gran confusión.

Pero si despiertas de esta ilusión y te das cuenta de que el negro implica el blanco, que el yo implica a los demás y que la vida implica la muerte (o más bien la muerte implica la vida), empiezas a sentirte *a ti mismo;* sientes que no eres un extraño en el mundo, que no estás aquí a modo de prueba y que no eres fruto de la casualidad, y es entonces cuando empiezas a sentir que tu propia existencia es fundamental. Lo que eres, básicamente (muy en el fondo y en la lejanía), es el entramado y la estructura de la propia existencia

La mitología hindú se refiere al mundo como una representación teatral de Dios. Para los hindúes, Dios no es un hombre mayor con barba blanca que se sienta en un trono con privilegios de la realeza; Dios es uno mismo, el Satchitananda (*Sat* «existencia», *chit* «consciencia» y *ananda* «dicha»). La realidad inalterable en su máximo apogeo es espléndida, plena y radiante. Basta con observar el cielo por la noche: todas esas estrellas son como fuegos artificiales en una noche de verano. Del mismo modo, el universo es una celebración.

Supongamos que por una sola noche pudieras soñar con lo que quisieras y que en ese sueño tuvieras el poder de vivir lo que serían más de cien años de tu vida (o los que tú quisieras).

Naturalmente, en esta aventura de tus sueños empezarías por cumplir todos tus deseos, disfrutando de todo tipo de placeres inimaginables. Una vez transcurridos los primeros cien años de placer absoluto, podrías pensar: «Vaya, ha sido increíble. Pero ¿y si ahora dejara que la vida me sorprendiera? Voy a soñar con tener una vida que no esté completamente bajo mi control». Y así lo haces: empiezas a disfrutar enfrentándote a todos los riesgos que te presenta tu mente y te vuelves cada vez más aventurero, arriesgando más y más hasta que al final terminas soñando exactamente con la vida que tienes en la actualidad. De entre una infinidad de posibilidades, terminas soñando con vivir esta vida; en otras palabras, no soñarías con ser Dios.

Según esta idea, la verdadera naturaleza de Dios reside en pretender que no es Dios. Él se abandona a su suerte, se traiciona a sí mismo y se pierde. De esta manera, todos pasamos a ser realidad esencial (no un Dios en el sentido político de rey, sino un Dios en el sentido de ser uno mismo). En el fondo, tú eres parte de toda esta realidad básica, pero pretendes no serlo. Y no hay nada malo en ello (en pretender que no eres Dios) porque en eso consisten las obras de teatro. Cuando vas al teatro te sientas en la butaca sabiendo que vas a ver una comedia, una tragedia, un *thriller* o lo que sea, y el público sabe que lo que va a ver a continuación en el escenario no es real; pero los actores conspiran contra ti y tratarán de persuadirte para que creas que lo que está sucediendo en el escenario sí es real. Quieren teneros a todos en vilo, quieren aterrorizaros o haceros llorar o reír: su objetivo es sumergiros por completo en la obra. Y si un buen actor humano puede llegar a atrapar a toda una audiencia y hacerles llorar, imagínate lo que podría llegar a hacer un actor cósmico. Uno podía engañarse a sí mismo por completo y actuar con tal realismo que al final acabaría tomándose la obra totalmente en serio.

Tú estás aquí sentado pensando que realmente estás *aquí*. Te has convencido a ti mismo estupendamente, y actúas tan bien que incluso *sabes* que éste es el mundo real. Pero sólo estás actuando, y en este caso, el público y el actor son el mismo.

¿Sabías que la palabra *persona* significa «máscara»? La *persona* era la máscara que llevaban los actores en las obras griegas y romanas que se caracterizaba por tener una boca con forma de megáfono que proyectaba el sonido en los teatros al aire libre. *Per* significa «a través de», y *sona* significa «por donde pasa el sonido»; ésa es la máscara, la que te permite ser tanto una persona «real» como el mayor impostor. El *dramatis personae* al comienzo de una obra es la lista de personajes que interpretarán los actores. Durante el proceso de olvidar que esta vida es una obra teatral, la palabra para designar un papel (para designar la máscara) ha llegado a significar quién eres realmente: una persona.

No intento convencerte de esta idea en el sentido de convertirte en ella; sólo quiero que juegues con ella, que le des vueltas. No estoy intentando demostrar nada, sólo planteo una posibilidad de vida sobre la que poder reflexionar.

En lugar de pensar que eres víctima de un mundo mecánico o de un Dios autocrático, por qué no pruebas esto: la vida que estás viviendo es la vida en la que tú mismo te has metido, lo que pasa es que no quieres admitirlo porque prefieres pensar que la vida es algo que simplemente ocurre. En vez de culpar a tu padre por excitarse al ver a tu madre y esperar que ambos asuman la responsabilidad de la mala vida que llevas (ya que fueron ellos los que te trajeron al mundo), por qué no intentas pensar que fuiste tú ese brillo en los ojos de tu padre cuando se acercó a tu madre y que tu intención desde el principio fue la de involucrarte deliberadamente en tu propia existencia. Incluso si tu vida fuera horrible, plagada de sífilis, tuberculosis y picaduras varias, aun así, todo habría sido un juego. ¿Qué hipótesis hay mejor que ésta?

Está claro que, si vives en este mundo considerándote una marioneta diminuta e indefensa o creyendo que la vida está llena de trampas y peligros, vivir para ti será siempre un lastre. No tiene sentido seguir viviendo a menos que dispongas de unas condiciones de vida óptimas en las que realmente todos nos encontremos en un estado de dicha y deleite absoluto. Sin embargo, todos pretendemos lo contrario por pura diversión. Juegas a la «desdicha» para experimentar la verdadera «dicha», y en este juego de la desdicha puedes llegar tan lejos como quieras porque, cuando te despiertes y dejes de jugar, todo será increíble. No hay negro sin blanco, como tampoco blanco sin negro: ésa es la idea más básica y fundamental.

En eso consiste la obra. Así pues, para ser directo y resumir mi metafísica, tenemos en primer lugar el yo central (puedes llamarlo Dios o como quieras), que somos todos nosotros y que hace el papel de todos y cada uno de los seres de todo el universo; juega al escondite consigo mismo involucrándose en aventuras increíbles en las que termina perdiéndose, aunque al final siempre despierta y vuelve en sí. Cuando estés listo para despertar despertarás, y si aún no lo está, seguirás fingiendo ser un «pobrecito de mí».

Pero como estás leyendo todo esto e involucrándote en algún tipo de indagación, asumo que estás en proceso de despertar o quizás sólo estés tentándote a ti mismo con algún tipo de flirteo con el despertar, pero sin ir en serio; o quizás no te lo estés tomando en serio, pero estés siendo sincero: entonces, ya estarías listo para despertar. Si es así, (si realmente estás en proceso de despertar y de descubrir quién eres en realidad), el siguiente paso es conocer a un personaje llamado *gurú*.

Para los hindúes, el gurú es el maestro, el «que te despierta». El trabajo del gurú consiste en mirarte a los ojos y decir: «¡Venga, sal de allí, sé quién eres en realidad!», por lo que, ante cualquier cosa que le expliques al gurú (tus problemas, tu afán de ganarle al universo, tu búsqueda de la iluminación, tu sed de sabiduría espiritual o lo que sea), él te mirará y te preguntará: «¿Quién eres?». La gente solía dirigirse al famoso gurú Sri Ramana Maharshi para preguntarle quién fueron en sus encarnaciones pasadas (como si eso tuviera alguna importancia) y él los miraba y les preguntaba: «¿Quién hace la pregunta?». Decía algo así como: «Me estás mirando a mí y a tu alrededor sin saber qué hay detrás de tus propios ojos. Mira en tu interior y descubre quién eres». Tengo una fotografía suya espectacular en mi casa, y cada vez que paso junto a ella miro a través de sus ojos y puedo ver su sentido del humor reflejado en ellos. Escucho su risa cantarina diciendo: «¡Vamos, sal de ahí! Sé que eres tú, Shiva. ¡Qué ropa más estrafalaria llevas hoy!».

Los gurús son, por supuesto, embaucadores. Utilizan todo tipo de trucos cuyo objetivo es hacerte pasar por un proceso porque, hasta que no sientas que has pagado un precio por ello, no despertarás.

El profundo sentimiento de culpa o la ansiedad que sientes son simplemente formas de avivar el juego y así poder seguir llevando tu máscara y tu disfraz. En el cristianismo son expertos en hacerte sentir culpable por el mero hecho de existir.

Llegas incluso a aceptar esa noción de que tu propia existencia es una ofensa y que no eres más que un ser humano decadente. Cuando era pequeño, durante los servicios del Viernes Santo nos daban a cada uno una postal a color con un Jesús crucificado y un escrito debajo que ponía: «Esto lo he hecho por ti. Y tú, ¿qué haces por mí?». ¡Te hace sentir mal! Como si hubiéremos sido nosotros los que hubiéramos clavado a Jesús en una cruz. Y así es como nos sentimos culpables por el mero atrevimiento de existir.

Pero esa culpa es el velo que rodea el santuario; es una barrera con una señal de advertencia que pone: «¡Ni se te *ocurra* entrar!». Cuando te inicias en una disciplina u otra, antes de conocer el gran misterio que se esconde detrás, siempre hay alguien más sabio o con más derecho que tú que te dice, «No, aún no. Primero tienes que cumplir este requisito, luego este otro, luego otro, y sólo cuando los hayas cumplido todos te dejaremos entrar». Ésa es otra manera de hacerte pasar por un proceso, porque no despertarás a menos que creas que te lo mereces y tampoco sentirás que has despertado a menos que el camino haya sido difícil. Por ello, te sometes a ti mismo a innumerables pruebas hasta que el camino sea lo suficientemente arduo, y sólo entonces eres capaz de reconocer quién eres en realidad. Si te paras a pensarlo resulta todo bastante rocambolesco.

Según la filosofía zen, cuando alcanzas el *satori* o la iluminación, lo único que te queda por hacer es echarte a reír. Lo que hacen los maestros zen (y todo tipo de maestros, de hecho) es colocarte delante una barrera y hacerte pasar todo tipo de pruebas, aunque realmente lo que están haciendo es seguirte el juego. Hay un proverbio zen que dice que a aquellos que quieran estudiar zen deberían golpearles con un palo, porque estaría siendo lo suficientemente estúpido como para fingir, en primer lugar, que tiene un problema. Tú no tienes ningún problema:

tú eres el problema. Tú eres el único que te estás poniendo en esa tesitura.

La pregunta básica que deberíamos hacernos todos es la siguiente: ¿te consideras una víctima del mundo o te consideras a ti mismo como *parte* del mundo? Si te defines solamente como un mecanismo voluntario de tu sistema nervioso, entonces te estás definiendo como una víctima de este juego en el que sientes que la vida es una especie de trampa impuesta por Dios, por el destino o por el mecanismo cósmico y vives pensando «Ay, pobrecito de mí». Por otro lado, podrías incluir también en tu propia definición aquello que realizas involuntariamente y definirte a ti mismo como dueño de tus acciones (como hacer palpitar tu propio corazón, o hacer crecer tu propio cabello) sin que nadie te las imponga. No eres ninguna víctima, sino el que actúa. Quizás no puedas explicar *cómo* lo haces, porque tardarías demasiado y las palabras son imprecisas y cargantes, pero lo que sí puedes hacer es atribuirte tu propia existencia y proclamar a los cuatro vientos: «He sido yo». Se trate de una comedia o una tragedia, *tú* eres el máximo responsable.

Éste parece ser un punto de partida mucho más alegre, productivo e interesante y, obviamente, es mucho mejor que definirnos como víctimas miserables, pecadores o cosas por el estilo.

Capítulo 3

La transacción eterna

S egún la metáfora de que la vida es un teatro, experimentamos la vida como si fuera una obra teatral orquestada por un actor, por el yo o *atman* en la filosofía hindú; y ese actor eres tú, el que juega al escondite sin admitirlo porque ha olvidado deliberadamente quién es en realidad. Ésa es la base del universo o «el fundamento del ser, como lo llamaba el teólogo del siglo xx Paul Tillich. Quizás puedas recordar quién eres realmente en algún lugar en tu interior o muy en el fondo de tu ser, pero aun así no puedes admitirlo. La única manera de poder despertar de esa ilusión es saliendo de tu propio juego.

Definimos algunas acciones como voluntarias y sentimos que podemos controlarlas. Luego están aquellas otras que consideramos involuntarias, aunque la línea divisoria entre ambas es totalmente arbitraria. Por ejemplo, cuando mueves la mano sientes que puedes decidir si abrirla o cerrarla. Pero ¿cómo lo decides? Y antes de decidirlo, ¿decides decidir? No, sólo decides abrir la mano. ¿Y cómo lo haces? Si no puedes dar una respuesta, ¿la acción es voluntaria o involuntaria? Pongamos ahora la respiración como ejemplo: tú puedes controlar tu respiración, pero cuando dejas de pensar en respirar sigues respirando. Entonces, ¿respirar es voluntario, involuntario o ambos? Es arbitrario.

De manera similar, nosotros tenemos una definición arbitraria del yo; pensamos en el yo como algo con voluntad que viene definido por las acciones que *hacemos,* pero sin incluir funciones esenciales como la respiración (la mayoría de las veces), el latido de nuestro corazón, la actividad de las glándulas, la digestión, la circulación, el crecimiento de los huesos, etc. Aun así, quien *realiza* todas esas acciones eres tú, ¿verdad? Por supuesto que sí. Y cuando te encuentres contigo mismo y descubras que tú eres todo este conjunto de procesos, empezará a suceder algo inesperado, y es que descubrirás que eres uno con el universo. La circulación «involuntaria» de tu sangre es un proceso continuo con el brillar de las estrellas. Cuando descubras que estás haciendo circular tu sangre, también descubrirás que estás haciendo brillar las estrellas, porque tu organismo físico está en proceso continuo con todo lo que te rodea; las olas son continuas con el océano y tu cuerpo es continuo con el sistema de energía total del cosmos. Tú lo eres todo, aunque pretendas ser sólo una pequeña parte de la totalidad.

La omnipotencia no significa que sepas *cómo* funciona todo; simplemente se trata de funcionar, no tienes por qué ser capaz de traducirlo en palabras. Imagínate que cuando te levantaras por la mañana tuvieras que activar tu cerebro, poner en marcha cada sistema de tu cuerpo y activar todos los circuitos necesarios para vivir; no empezarías el día nunca. Todas estas cosas deben activarse a la vez. ¿Cómo puede un ciempiés controlar sus cien patas simultáneamente? No las controla, simplemente se mueven; el ciempiés no tiene que pensar en él.

De la misma manera, eres tú quien realiza de manera *inconsciente* todas las diversas actividades de tu organismo. Aunque *inconscientemente* no sería la palabra más adecuada (suena más bien a dormido); *superconscientemente* suena mucho mejor. ¿Y qué es la consciencia? Es simplemente una forma especializada de conciencia. Cuando observas tu habitación sólo eres consciente de aquellos detalles que percibes, pero en realidad estás viendo mucho más de lo que crees. Lo que ocurre es que no enfocas tu atención en cada pequeño objeto que hay, como tampoco enfocas tu atención en las operaciones minuciosas de tu glándula tiroides ni en hacer que el sol brille.

Enlacemos esta idea con el problema que presenta la vida y la muerte. Mucha gente tiene miedo de que, una vez que mueran, tengan que soportar la no existencia para siempre. Pero en realidad eso es algo que no se puede experimentar. Cuando era niño solía imaginar a veces cómo sería ir a dormir y no volver a despertar nunca más. Si le das bastantes vueltas puede surgirte otra pregunta: ¿cómo fue despertar sin haber ido a dormir antes? Me refiero a, ¿cómo fue el despertar cuando naciste? No pudiste experimentar la nada, por lo que, después de la muerte, lo único que puedes experimentar es lo mismo que experimentaste al nacer.

Algunas personas mueren y otras nacen, pero todas ellas son tú, lo que pasa es que no puedes experimentar más de una vida a la vez. Dondequiera que existan otros seres a través las galaxias, todos ellos también son tú, y cuando ellos cobran vida, eres *tú* quien cobra vida. No recuerdas el pasado de la misma manera que tampoco piensas en cómo hacer funcionar tu tiroides. No tienes por qué saber cómo hacer brillar el sol, simplemente lo haces, del mismo modo que respiras sin tener que pensar. ¿No te fascina saber que eres un ser increíblemente complejo que realiza todas estas funciones aparentemente imposibles sin que nadie te haya enseñado cómo hacerlo? Eres un verdadero milagro.

La idea principal se resume en que, desde un punto de vista estrictamente físico y científico, nuestro organismo es energía continua con todo lo que sucede a su alrededor: si mi pie soy yo, el sol también soy yo. Sin embargo, seguimos persistiendo con esa versión tan insignificante y parcial de: «No, sólo soy un ser atrapado *en* este cuerpo. Soy sólo el ego». Qué tontería. El ego no es más que el foco de la atención consciente, como el radar de un barco; es un apagafuegos. La atención consciente es aquella función diseñada en el cerebro para explorar el entorno y detectar problemas. Si te identificas como el apagafuegos, te estás definiendo a ti mismo como un ser que vive en un estado de ansiedad constante.

En el momento en el que dejas de identificarte con el ego y descubres que eres un organismo completo, te das cuenta de que todo fluye en armonía. Tu organismo es un milagro de la armonía. Todo funciona a la vez, incluso esas criaturas minúsculas que luchan entre sí en tu torrente sanguíneo comiéndose las unas a las otras porque, si no lo hicieran, no podrías tener salud. Lo que parece disonancia a cierto nivel es armonía a un nivel superior; lo que parece disonancia en tu vida y en la vida de los demás, a un nivel superior del universo todo eso es salud y armonía. Todo lo que eres y haces, a ese nivel superior, es magnífico y está libre de imperfecciones, como el vaivén de las olas, las texturas del mármol o los movimientos escurridizos de un gato. El mundo funciona perfectamente bien, y así es como debe ser; de lo contrario, su existencia no sería posible.

«Físico» y «espiritual» son categorías que han quedado anticuadas: todo se resume en un proceso. No hay «cosas» por un lado y «formas» por el otro, son simplemente «patrones». La vida son patrones, energía en danza. No pretendo reivindicar la autoría de ningún gran descubrimiento ni tampoco tengo ningún tipo de conocimiento místico sobre la existencia de algún plano vibratorio superior, sino que me refiero a todo lo que está justo delante de ti. Sólo es cuestión saber percibirlo.

Una vez que te das cuenta de eso, sucede algo extraordinario. Puede que algunas personas utilicen el simbolismo de Dios como una luz brillante, aunque de forma velada y escondida bajo todo aquello que puedes llegar a ver, pero la verdad es mucho más apasionante. Fíjate en lo que estás haciendo ahora, en cómo miras hacia la luz; es precisamente *eso*, la experiencia que estás teniendo ahora y a la que quizás llames consciencia ordinaria y cotidiana. Y cuando lo descubres, te echas a reír a carcajadas. Ése es el gran descubrimiento.

En otras palabras, cuando realmente empiezas a ver cosas y te fijas en una taza antigua, te das cuenta de que esa taza es la luz brillante del cosmos. Nada podría ser más brillante, ni siquiera diez mil soles. Sólo que todos los puntos de luz infinita son diminutos cuando los ves reflejados en la taza, porque si no fuera así te quedarías sin ojos. En realidad, la fuente de luz se encuentra en los ojos: si no tuvieras ojos para ver el mundo, el sol no sería luz. Evocas la luz del universo de la misma manera que evocas la dureza de la madera a través de tu piel suave, porque la madera es solamente dura en comparación con la suavidad de tu piel. Tu tímpano evoca sonidos a partir del aire. Así es como, a través de luz, color, dureza, pesadez y a través de todo, el universo entero cobra vida.

Sin embargo, nos hemos vendido a nosotros mismos una mitología diferente. Cuando las personas comenzaron a descubrir realmente lo grande que era el universo, concibieron la idea de que vivíamos en este pequeño planeta dentro de un sistema solar situado a un extremo de una galaxia (una galaxia más pequeña), por lo que pensaron: «Ah, bueno, pues al final resulta que tampoco somos tan relevantes. No existe ningún Dios que nos quiera y a la naturaleza tampoco le importamos demasiado». Nos hemos volcado en esa mitología mientras que, en realidad, somos nosotros (esa pequeña criaturita graciosa que se arrastra por este planeta en algún lugar del espacio) quienes tenemos la habilidad por naturaleza, gracias a esta magnífica estructura orgánica, de evocar el universo; de lo contrario, el universo sería mero cuanto. Este pequeño e ingenioso organismo procedente de este planeta es fruto de todo el universo y su desarrollo tiene como objetivo que ese ser llegue a percatarse de su propia existencia.

¿Y qué hacemos con este conocimiento? Si ya lo hemos adquirido (que lo hemos adquirido), el estado consciente en el que te encuentras ahora mismo es idéntico a un estado divino, y si ahora intentas hacer algo para que ese estado cambie será porque no has entendido que así es como debería ser. En el momento en el que empiezas a hacer yoga, a orar, a meditar o a formarte en cualquier tipo de disciplina o técnica espiritual, llegas a adquirirlo a tu manera.

Buda dijo que sufríamos porque deseábamos, de modo que, si dejáramos de desear, dejaríamos de sufrir. Pero ésa no era la conclusión, sino el inicio a un diálogo más profundo. Por ejemplo, si le pides a alguien que deje de desear, acabará deseando no desear. No puedes dejar de desear. Es como decirle a alguien que no sea egoísta, que se deshaga de su ego y que se relaje y se deje llevar. ¿Por qué querrías hacer todo eso? Porque estás tratando de ganarle al juego, porque todavía operas bajo la hipótesis de no ser parte del universo y por eso intentas ganarle. Sin embargo, compitiendo contra él sólo demuestras que no has comprendido que *eres* parte del universo y que todavía crees que hay una diferencia real entre el yo y los demás, cuando ambos os necesitáis mutuamente como se necesitan el polo sur y el polo norte en un imán.

Es precisamente eso lo que te quiere transmitir el gurú. No obstante, como te basas en una hipótesis absurda, el gurú tiene que partir de allí y ponerte mil pruebas para hacerte sentir aún más ridículo, más tarugo y más diligente de lo normal. Si lo que te propones es competir con el universo, el gurú alimentará ese afán de competitividad hasta que se vuelva absurdo. Por eso los grandes maestros asignan tareas como «abandonar tu ego» o «amar a Dios tu Señor», que viene siendo lo mismo que pedirte imposibles: no puedes amar de forma deliberada, como tampoco puedes ser sincero intencionadamente. Es como tratar de no pensar en un elefante.

El cristianismo está funciona de esta misma manera. Nos dicen que debemos lamentarnos por nuestros pecados (aunque todos sabemos que no es así), por lo que *creemos* que *debemos* lamentarnos y ser penitentes y humildes; pero cuando más asiduamente lo practicamos, más falso se vuelve todo. Es la técnica del *reductio ad absurdum*. Si realmente piensas que tienes algún problema (que eres ese pequeño ego problemático) un maestro zen te diría: «Enséñamelo. Quiero que me muestres ese ego que tantos problemas te causa». Cuando Bodhidharma llegó a China, un discípulo se le acercó y le dijo: «No encuentro la paz interior. Por favor, ayúdame a apaciguar la mente», a lo que Bodhidharma dijo: «Está bien, déjame ver esa mente. Enséñamela y la apaciguaremos». El estudiante, desconcertado, le respondió: «No puedo. Cuanto más la busco menos la encuentro». A lo que Bodhidharma sentenció: «Allí está. Ya ha encontrado la paz».

Si lo que te propones es encontrar tu propia mente (es decir, tu propio centro particular del ser que permanece alejado de todo lo demás) no lo vas a conseguir. La única manera de saber que no está ahí es buscarla como para darte cuenta de que no está. Por eso los gurús, del tipo que sean, te dirán que «te encuentres a ti mismo», que «busques en tu interior» o que «descubras quién eres en realidad», porque cuanto más te busques menos te encontrarás, y sólo entonces descubrirás que nunca estuviste allí desde un principio. No existe ningún yo por separado, sólo tu mente que lo es todo, y la única forma de saberlo es profundizando lo máximo posible en ese estado de ilusión. Bueno, quizás ésta no sea la *única* forma de saberlo, pero es una.

Casi todas las disciplinas espirituales (la meditación, las oraciones, etc.) son formas de persistir en la locura; son métodos de hacer con determinación y de manera constante lo que ya haces de por sí. Si alguien cree que el mundo es plano, es imposible que con argumentos puedas hacerle cambiar de opinión. Él sabe que es plano, él mira por la ventana y ve que obviamente el mundo es plano. Así que la única forma de convencerle de lo contrario es persuadiéndole para que salga allí fuera y se aventure a encontrar los límites. Caminará recto hacia el oeste siguiendo la misma línea de latitud y finalmente llegará al mismo punto de partida, y sólo entonces le habrás convencido. *Ésa* es la única forma de conseguirlo, porque solamente con palabras no podrás hacer que la gente despierte de sus ilusiones.

Hay otra posibilidad, pero es más difícil de describir. ¿Qué pasaría si *este momento* fuera la eternidad? De algún modo nos hemos convencido a nosotros mismos de que *este momento* es algo bastante común, que no nos encontramos muy bien y que estamos un poco frustrados, preocupados, etc., y que todo eso debería cambiar. Pero en realidad no hace falta que hagas nada; aunque tampoco puedes tratar de no hacer nada, porque eso sería *hacer* algo. Como ves, es algo que no se puede describir.

En situaciones como éstas, los maestros zen utilizan un tratamiento de choque. Las historias zen están llenas de maestros golpeando por sorpresa a sus alumnos, gritándoles o sorprendiéndoles de alguna manera, porque ese sobresalto hace que vuelvas inmediatamente en ti. No hay ningún camino para llegar aquí, porque tú ya estás aquí. Es como aquella historia de un turista estadounidense en Inglaterra que le pregunta a un campesino el camino para llegar a Upper Tottenham (un pequeño pueblo). El campesino se queda pensativo, se rasca la cabeza y dice: «A ver, sé dónde está, pero yo de ti no partiría de aquí».

Si te preguntas cómo podrías conocer a Dios o cómo podrías alcanzar el nirvana, te estás planteando la pregunta equivocada. ¿Para qué quieres el nirvana? El hecho de querer alcanzarlo es lo único que te impide realmente alcanzarlo. Ya tienes el nirvana, aunque, por supuesto, el privilegio de fingir que no lo tienes es tuyo. Si lo que quieres es entrar en ese juego (en el juego de pensar que eres sólo un ego), cuando finalmente quieras despertar lo harás. Así de simple. Si aún no has despertado, significa que aún no quieres despertar y que, dentro del juego del *escondite* aun sigues escondiéndote: el yo sigue pretendiendo no ser el yo.

Cuando eres consciente de eso es cuando la distinción entre los comportamientos voluntarios y los involuntarios desaparece, y es entonces cuando empiezas a percibir las cosas que crees que están bajo tu control y las cosas que ocurren en el exterior exactamente de la misma manera. Observas cómo se mueve la gente y te das cuenta de que eres tú quien lo está haciendo posible, como también lo eres de la circulación de tu sangre. Llegados a este punto, si no terminas de comprenderlo del todo bien puede que enloquezcas y empieces a creer que eres Dios (en el sentido de Jehová), es decir, que realmente tienes poder sobre las otras personas y que puedes alterar sus vidas. Pero no es que hayas descubierto la omnipotencia en algún sentido bíblico literal y rudimentario, y si piensas que eres Jesucristo y que todos deberían arrodillarse y adorarte, es que se te han cruzado los cables. Es posible que hayas tenido una experiencia de realización, pero al no saber cómo interpretarla te has desviado por el mal camino. Si descubres que eres Dios, deberías darte cuenta de que todos los demás también lo son.

Cuando abrimos los ojos y miramos a nuestro alrededor, pensamos que todo lo que vemos es el *exterior*. Y parece que sí, porque así es como lo percibimos en nuestra mente, pero hay un espacio detrás de los ojos donde todo esto (la gente sentada a nuestro alrededor, los colores de la habitación, etc.) aparece en nuestro sistema nervioso. Lo que estamos viendo allí fuera es en realidad una experiencia neurológica. Si te percatas de esto (si realmente y en lo más profundo de ti crees que es así), entonces podrías dar por supuesto que todo el mundo exterior está dentro de tu cerebro. Pero sigues con los cables cruzados y aún no te has dado cuenta de que tu cerebro está en el mundo exterior: está dentro de ti y tú estás dentro de él. ¿Cómo podríamos definirlo entonces?

El individuo y el mundo no *interactúan,* sino que entre ellos existe una relación *transaccional.* Por ejemplo, cuando compras o vendes una casa, estas acciones (comprar y vender) no pueden realizarse de forma individual; uno no puede comprar a menos que haya un acto simultáneo de venta y viceversa. De la misma manera, la relación entre el organismo y el medio ambiente es transaccional: el entorno hace crecer al organismo y el organismo modifica el entorno. El organismo convierte el sol en luz, pero requiere de un entorno con sol para poder existir. Es todo un mismo proceso. Los organismos no surgieron de este mundo por accidente o por casualidad, sino porque este mundo propicia un entorno favorable para que puedan *crecer* organismos. Y así ha sido desde el principio; desde el primer instante en el que se produjo el Big Bang (si así fue como empezó todo) organismos como tú y yo ya estábamos implícitos.

Pongamos otro ejemplo: supongamos que tenemos una corriente eléctrica que circula a través de un cable y que rodea la tierra. Hay que tener en cuenta que la corriente eléctrica no circula como el agua por una tubería. En un punto tenemos el polo positivo y en el otro el polo negativo, y la corriente no circulará hasta que no se cierre el interruptor que unirá el polo positivo con el negativo; es decir, la corriente no circulará hasta que no se especifique un punto de llegada (el interruptor cerrado). Ahora bien, la corriente tardará tiempo en dar la vuelta y circular por todo el planeta, pero el punto de llegada debe permanecer cerrado antes de que el proceso pueda empezar desde el principio. Del mismo modo, aunque la vida primitiva se demorase miles de millones de años en surgir en la Tierra después del Big Bang, la vida estuvo implícita desde un principio. Para que una bellota se convierta en roble necesita tiempo, pero el roble no deja de estar implícito en la bellota. Forma parte de un mismo proceso.

Lo que realmente implica el despertar es una reevaluación de nuestro sentido común. Tenemos interiorizadas toda una serie de ideas que nos parecen incuestionables y obvias, y nuestro lenguaje es una prueba de ello: «Acepta la realidad», por ejemplo, es una expresión muy común que se refiere a la realidad como algo ajeno a nosotros, como si fuéramos forasteros descubriendo la vida. Si te das cuenta, nuestro sentido común ha sido completamente amañado, y eso hace que nos sintamos extraños y ajenos a este mundo. Además, creemos que este distanciamiento está totalmente justificado, pero eso se debe a que simplemente nos hemos acostumbrados a pensar así. No obstante, cuando realmente empiezas a cuestionar tu sentido común y a explorar otras ideas, te das cuenta de que no tiene por qué ser necesariamente así. Cuando empiezas a cuestionar las suposiciones básicas que subyacen nuestra cultura, terminas adquiriendo un sentido común completamente nuevo, y será entonces cuando tu continuidad con el universo te resultará más que obvia.

Hace relativamente poco, la gente creía que la tierra era plana, y lo creían de verdad. Luego hubo algunos que empezaron a navegar por todo el mundo y a volar de aquí para allá, y poco a poco empezamos a concebir la tierra como un planeta esférico. Simplemente nos fuimos acostumbrando a ello. De la misma manera, llegará el día en que nuestra continuidad con el universo sea, para la mayoría de nosotros, una cuestión de sentido común. Será así de simple. Y quizás cuando esto ocurra hagamos un mejor uso de nuestra tecnología y empecemos a relacionarnos con nuestro entorno con amor en vez de odio.

SEGUNDA PARTE

EL TEJIDO
DE LA VIDA

Capítulo 4

Niveles de percepción

La consciencia humana es una forma de conciencia, sensibilidad y comprensión, pero al mismo tiempo también de ignorancia. Nuestra consciencia ordinaria y cotidiana omite más de lo que asimila y omite cosas realmente importantes que, de saberlas, aliviarían nuestra ansiedad y disiparían todos nuestros miedos y temores. Si pudiéramos tener conciencia de aquellas cosas que omitimos, podríamos llegar a saber lo único que supuestamente no deberíamos saber, y entonces experimentaríamos una profunda paz interior. Según una de las reglas de nuestra sociedad en particular, no se te permite conocer la otra cara de la vida. Por una parte, la «otra cara» puede referirse a lo más bajo y mezquino, pero también a lo más básico y esencial, a lo más profundo. En la otra cara de la vida es donde encontramos ese aspecto increíblemente importante sobre la existencia que nuestra conciencia cotidiana omite.

Nuestros sentidos son selectivos, y como somos sensibles únicamente a una pequeña gama de sensaciones, nos estamos perdiendo una enorme frecuencia de vibraciones fuera de esa gama (rayos cósmicos, rayos ultravioleta, rayos gamma, etc.). También me estoy refiriendo a la capacidad de nuestros sentidos, porque hay incluso vibraciones que no podemos detectar. El universo es un sistema de vibraciones inmenso lleno de infinitas posibilidades. Cuando tocas el arpa, no sólo deslizas los dedos de arriba abajo por todas las cuerdas (emitiría sonidos desagradables), sino que seleccionas ciertas cuerdas siguiendo un patrón; son estas notas que eliges las que crean el patrón. Pero, al mismo tiempo, dentro de la totalidad fundamental del arpa hay cuerdas que omites y notas que dejas sin tocar.

Entonces, ¿qué es lo que omitimos? Ésta es una pregunta fundamental y básica para todos nosotros. Focalizas tu atención en ciertas cosas que constituyen tu percepción de la realidad cotidiana y seleccionas a ciertas personas, ciertos aspectos de los edificios, fragmentos de paisajes, partes del cielo, etc. Como resultado, terminas concibiendo el mundo como un conjunto de cosas y sucesos inconexos entre sí. Pero omites algo, te olvidas de algo, y no me refiero a tus pantalones, a tu peluca o a tus gafas, sino a algo fundamentalmente esencial. Y no sólo tú, todos lo hemos olvidado, y para poder redescubrirlo, una manera de hacerlo sería planteándonos la siguiente pregunta: «¿Quién soy?».

Como respuesta podrías decir: «Bueno, soy Paul Jones», o el nombre que sea que tengas. Pero si te presiono un poco más y te digo, «No, no. Esta respuesta no me vale. ¿Quién eres en *realidad?*», entonces podrías ofenderte y pensar que te estoy tomando el pelo o que estoy jugándote una mala pasada. Pero realmente y muy en el fondo, ¿quién eres? Justamente eso es lo que se nos escapa, lo que hemos olvidado y lo que omitimos: el fondo del tapiz.

Todos nosotros hemos aprendido muy exhaustivamente a ignorar que cada uno de nosotros somos un acto, una función, una representación o una manifestación de todo el cosmos, o lo que podríamos denominar Dios, Brahman o el Tao. *Eso* es lo que cada uno de nosotros somos en realidad, pero fingimos mediante una asombrosa habilidad para mentir que no lo somos. En realidad, se trata de vivir a dos niveles a la vez. Así pues, si vives la vida de tu ego ordinario, juegas tu papel en la vida, cumples con todas tus reglas particulares y todo lo demás y al mismo tiempo conoces la otra cara de la vida, entonces puedes ver el panorama general y convertirte en lo que yo suelo llamar un verdadero ser humano oscilante.

Pero la mayoría de nosotros vivimos a un nivel ordinario y creemos que no hay nada más allá. La vida se convierte entonces en un lastre y sentimos que debemos sobrevivir, por lo que trabajamos y trabajamos para seguir adelante, mientras que nuestros hijos heredan esa misma actitud ante la vida. Nadie disfruta, nadie se lo pasa bien, porque tratamos compulsivamente de superarlo todo y seguir hacia delante. La gente al final se cansa y siente que no puede seguir viviendo de esta manera, por lo que algunos deciden suicidarse y dejar así de vivir. De algún modo tiene sentido: con esa actitud hacia la vida, ¿a quién le gustaría seguir viviendo por obligación?

La vida, no obstante, no tiene por qué ser así en absoluto; es más, la vida puede ser bastante divertida y espontánea. La palabra taoísta para designar la naturaleza significa «por sí misma», es decir, que la naturaleza es espontánea y no tienes que forzarla; ocurre por sí misma. Una vez asistí en Nueva York a una conferencia de un maestro zen que tuve la ocasión de conocer anteriormente y toda la presentación en sí fue bastante formal: con un traje ceremonial dorado se sentó frente a un altar con velas y un pequeño escritorio para las escrituras. El maestro daba la conferencia a partir de un sutra en particular a un grupo de devotos occidentales muy piadosos. Les dijo: «El principio fundamental del budismo es no tener ningún propósito; *sin propósito*. Cuando el Buda necesitaba tirarse un pedo no cogía y decía: "A las nueve en punto me tiraré un pedo". El pedo simplemente salía por sí solo».

Así pues, hay cosas que suceden por sí solas. No tienes qué decirle a un pedo si debe salir o no, porque eso sería ponerle en un aprieto. Si a un niño le dices que se ponga a jugar delante de toda la familia en el Día de Acción de Gracias, lo único que vas a conseguir es incomodarlo. A los artistas les pasa a todos lo mismo (ya sean bailarines, músicos, pintores, etc.) porque se ganan la vida actuando, y actuar bajo demanda, particularmente en público en este momento concreto o en otro, no es algo fácil de aprender. Mi amigo Saburo Hasegawa hace referencia a esta estratagema como «accidente controlado».

Volviendo al punto anterior: nos han educado para que utilicemos nuestra mente de manera cerrada y nos han enseñado a ignorar que cada uno de nosotros somos una apertura por la cual todo el cosmos experimenta la vida. Cada uno de nosotros es un agujero por el que se asoma la luz fundamental (la propia existencia), pero hacemos ver que lo hemos olvidado y pretendemos ser solamente este pequeño agujero, este pequeño ser al que llamamos el yo, el ego, Paul Jones o lo que sea. No obstante, si somos capaces de mantener la esencia de ser Paul Jones y al mismo tiempo comprender que lo somos todo, entonces ya tendríamos un arreglo fantástico y maravilloso. Si puedes adoptar estas dos perspectivas a la vez, la armonía que experimentarás será extraordinaria y aflorará en tu vida una inmensa sensación de alegría y euforia; comprenderás entonces que todas las dificultades que te presente la vida no son más que un juego.

No estoy diciendo que tomarse en serio la vida de forma individual sea algo malo, pero también podrías considerar los problemas y retos que te presenta la vida como manifestaciones de la naturaleza; como patrones en las olas, como las olas en el océano o como las conchas en la playa. ¿Te has fijado alguna vez en una concha de mar? No tiene ninguna imperfección estética; es absolutamente perfecta. Ahora bien, ¿crees que las conchas se dedican a mirarse entre ellas y a criticar la apariencia de las demás? «La verdad es que tienes las marcas un poco torcidas y demasiado juntas». Por supuesto que no, pero eso es precisamente lo que hacemos nosotros. Cada uno de nosotros es maravilloso, complicado, interesante y hermoso tal y como es. Fíjate por un momento en los ojos de cualquier otra persona: son gemas de belleza incomparable, ¡una preciosidad!

Nos hemos especializado en un tipo de conciencia que hace que ignoremos precisamente eso. Se nos da bastante bien concentrarnos durante unos instantes y focalizar la atención. Observamos esto y lo otro, pero sólo seleccionamos una pequeña parte de lo que podríamos llegar a percibir. Al hacerlo, nos estamos privando de experimentar una belleza increíble en nuestro día a día, como también del sentimiento de unidad con todo el proceso del ser. Nos fijamos solamente en lo que va apareciendo en el paisaje e ignoramos el paisaje.

También podemos hablar del tejido de la vida en términos de amplificación. Por ejemplo, si examinamos una pieza de un bordado nos parecerá un objeto precioso que está en perfecta armonía. Pero si observamos el mismo objeto bajo un microscopio, el resultado será una maraña imposible de hilos desordenados. No obstante, si utilizamos un aumento mayor para examinar un hilo de forma individual, nos sorprenderá con un orden fantástico de moléculas con los diseños más preciosos que hayamos visto jamás. Si seguimos amplificando aparece de nuevo el caos; vuelve a amplificar y todo volverá a estar en orden. De esta forma, el orden y la arbitrariedad constituyen la urdimbre y la trama: es imposible concebir el orden a menos que hayamos experimentado el desorden.

De la misma manera, el contraste entre encendido y apagado, entre estar allí o no estar allí, entre la vida y la muerte y el ser o no ser es lo que constituye la existencia. Pero nosotros pretendemos que sea el estado aleatorio de las cosas (el desorden de las cosas) el que deba sobreponerse y ganar esta competición, o mejor dicho, esta colaboración. Cuando ignoramos que el principio del orden y del caos van unidos, estamos ignorando también el hecho de que todas las cosas y seres que consideramos como individuales están conectados. Las montañas que sobresalen de la tierra de forma individual siguen teniendo debajo una tierra fundamental donde sostenerse. Así pues, todos nosotros somos seres diferentes que sobresalimos de la misma realidad, y es precisamente esa continuidad que hay debajo lo que ignoramos y omitimos.

Nos obsesionamos con la muerte, cuando la muerte es simplemente un intervalo, una ondulación más del movimiento. Pongamos el sonido como ejemplo. todo lo que llamamos sonido en realidad es *sonido y silencio;* no existe el sonido puro, porque de existir no podrías escucharlo. Lo que escuchas en realidad son una serie de golpeteos en el tímpano que suceden a tanta velocidad que te da la impresión de estar escuchando un sonido en vez de silencio. Pero *entre* cada pequeña ondulación de sonido hay también un intervalo. Cuando escuchas música y sientes la melodía, lo que dota a la melodía de sentido son los intervalos que hay entre los tonos. Así pues, los intervalos que pueda haber en cualquier proceso son tan importantes como el proceso en sí: sonido y silencio, vida y muerte, urdimbre y trama.

Mi madre fue una gran artista del bordado; sus piezas eran extraordinarias y podía hacer de todo con los hilos: coser, tejer, tapices, bordados, etc. Desde pequeño siempre me fascinó que a partir de un cordel (o de unos hilos) se pudieran confeccionar piezas de tela tan complejas. ¿Cómo podía ser que todo se sostuviera tan bien en una sola pieza? Con unas agujas de tejer, mi madre era capaz de convertir una bola de lana en un suéter. ¡Increíble! Y descubrí que, para poder lograr esa unión, el secreto estaba en entrelazar la urdimbre y trama, es decir, pasar un hilo por debajo del otro, luego por encima del otro, luego por debajo del otro, y así sucesivamente hasta que todo se sostuviera, como se sostendrían en pie dos palos si los inclináramos entre ellos. De la misma manera, los seres humanos dependemos los unos de los otros, y sin este apoyo mutuo, ninguno de nosotros podría existir.

Tanto la existencia como el movimiento dependen de la relación. Si examinamos un cuerpo esférico o bola de cualquier materia en un espacio infinito, no seremos capaces de distinguir si está en movimiento o no, porque no habría nada hacia donde poder acercase o alejarse. En una situación como ésta no habría movimiento. Pero si introducimos en este escenario una segunda bola y las dos bolas se acercan o se alejan la una de la otra, podríamos decir que una o ambas están en movimiento, aunque no podríamos determinar cuál de ellas ni hacia qué. Sin embargo, si añadimos una tercera bola en el espacio podríamos calcular el movimiento determinando cuáles son las dos bolas que permanecen más juntas, porque dos es mayoría y la estructura del universo es básicamente democrática. Dicho de otra manera, la energía es una forma de relación. El universo es básicamente energía en danza, y la energía y la relación van de la mano.

Seguramente conozcas este viejo enigma que dice así: si un árbol cae en un bosque y no hay nadie allí para escucharlo, ¿se habrá producido algún sonido? El sonido requiere un tímpano y un sistema nervioso detrás del tímpano. Podríamos decir que cuando el árbol cae produce una vibración en el aire, y si hay alguien alrededor con orejas y un sistema nervioso operativo se producirá el sonido. Así pues, el sonido está relacionado con el movimiento, el aire y las orejas. Si no hay nadie alrededor, el árbol al caer producirá una vibración, pero no un sonido. Del mismo modo una estrella emite luz por el espacio, pero si en ese espacio sólo hay oscuridad y no hay nada que pueda relacionarse con la estrella, a menos que un objeto (un planeta flotante, por ejemplo) entre en ese espacio, no habrá luz.

Una de las representaciones más conocidas de la interdependencia es el símbolo chino del yin y el yang. Parecen dos comas enroscándose la una con la otra o dos peces (el pez blanco con un ojo negro y el negro con un ojo blanco), y cuya forma recuerda también a una hélice, la forma fundamental de las galaxias. También puede interpretarse como dos amantes entrelazados o simplemente dos personas cogidas de la mano. Hay dos partes involucradas que, en secreto, son la misma.

Sin embargo, para poder concebir el mundo como una unidad subyacente a todo, primero deberías alterar tu sentido común en varios aspectos. Hay ideas y sensaciones que son difíciles de entender, y no porque sean intelectualmente complicadas, sino porque no estamos familiarizados con ellas o nos parecen remotas, pero en realidad se debe simplemente a que no nos han educado para percibirlas. Siglos atrás, la gente creía que los planetas se sostenían en el cielo porque estaban incrustados en esferas de cristal, y cuando los astrónomos finalmente anunciaron que no existía ninguna esfera de cristal, la confusión y la inseguridad se apoderó de la gente. Les costó una barbaridad asimilar la nueva versión del cosmos, porque entender una idea completamente nueva requiere un gran esfuerzo. Hoy en día, la nueva idea que la mayoría de gente tiene dificultades para asimilar es la llamada interdependencia.

Imagina una telaraña cubierta por el rocío donde en cada una de las gotas se reflejan todas las demás. Los japoneses utilizan esta imagen para representar la interdependencia de todo en el mundo. Aquí tienes una analogía lingüística: *las palabras sólo tienen significado en un contexto dado*. El significado de una palabra en particular dependerá de la oración o del párrafo en el que se encuentre. No es lo mismo decir: «Esta chica es muy lista», que decir: «Me he olvidado la lista de la compra»; el significado es completamente diferente. De la misma manera, la existencia de una determinada persona está relacionada con su contexto. Tú eres aquel o aquella que está ahora mismo sentado aquí con este tipo de ropa particular, con tu color de piel particular, tu personalidad particular, tus implicaciones familiares, tu neurosis, etc. Eres como eres en relación a un entorno extremadamente complejo, y podría decir incluso que, si una determinada estrella en el universo no existiera, serías diferente a como eres ahora. No podría decir que *no* existirías, pero sí que existirías de manera diferente. La conexión que hay entre tú y la estrella es muy complicada e incluso podría decirme que es tenue y poco relevante, pero sigue siendo relevante. El hecho de que no pienses en ello o de que no lo percibas no significa que no sea relevante. Caminas todos los días por la tierra sin tener que pensar en cómo lo hace para sostenerte en ella, pero lo hace. Es posible que te vuelvas insensible y dejes de pensar en la tierra, pero sigues con los pies firmes en ella.

De nuevo, la existencia vuelve a ser relación. Si levanto el dedo y nada o nadie lo toca (el viento u otra persona) dejará de saber que está allí. Hacen falta dos, y en la dualidad reside secretamente la unidad. Pongamos como ejemplo el contraste entre dos palabras muy valiosas: *explícito* e *implícito*. La palabra *explícito* hace referencia a lo que hay en el exterior (digamos que es la forma en la que nos mostramos públicamente) e *implícito* a lo que ocurre detrás. Fijémonos en la política que hacen Rusia y Estados Unidos: cara el público, ambos países exponen de forma explícita sus ideologías opuestas (sus dos formas diferentes de vida) y, como resultado, debe producirse un gran enfrentamiento. Pero detrás de cámaras todo ha sido previamente calculado y acordado implícitamente porque nuestra economía y la suya dependen de ello, y todos los que estamos acostumbrados a este tipo de función lo sabemos. También se toma el pelo a mucha gente con la propaganda y así es como debe ser, porque, de lo contrario, todo lo demás dejaría de funcionar. Tom y Jerry acordaron estar peleados, pero detrás de la oposición hay amor y detrás de la dualidad hay unidad.

Todo está entrelazado. Es muy parecido a tejer, donde todo se entrelaza entre sí siguiendo un patrón (por debajo, por encima, por debajo, etc.) que nos permite así confeccionar tela, ropa, abrigos y materiales. Las palabras *matter* (materia), *mater* (máter), *mother* (madre) y *maya* (ilusión) están relacionadas entre ellas. El mundo es una ilusión maravillosa. ¿De qué debe estar hecho? ¿Cómo se entrelaza todo? Hemos intentado comprender el mundo de manera científica y revelar sus misterios mediante el análisis de las partículas más pequeñas que podíamos encontrar, descubriendo componentes de la materia cada vez más pequeños. Y aunque finalmente encontráramos una forma de componente básico que hiciera que todo esto fuera posible, esa partícula infinitamente pequeña sólo sería una parte de la ecuación cuyo contexto sería igual de importante. ¿A qué nos lleva todo esto? Palabras, oraciones, células, moléculas, átomos y en definitiva todo, todo adquiere diferentes propiedades dependiendo del contexto. Nos hemos estado preguntado: «¿Qué es esto?», cuando deberíamos explorar también el *dónde* y el *cuándo,* porque de ello depende.

A mucha gente no le gusta escuchar que todo es relativo y les incomoda este tipo de reflexión. Pero en realidad, ¿por qué deberían incomodarse? La relatividad no es un lugar pantanoso que engulle todos los estándares, reglas e indicaciones; la relatividad es, en realidad, la teoría más sólida que existe.

Explícito e implícito, fuera y dentro, materia y espacio, ser y no ser: todos ellos son polos de un mismo imán. Una vez comprendas eso, relacionarte con el mundo será una experiencia de una ligereza y belleza incomparable. No solamente eres un pequeño *yo* escondido en tu cabeza que observa el mundo y lo fotografía con los ojos; si el mundo no estuviera allí, tú tampoco estarías aquí y viceversa.

Vivimos en un mundo de animales, vegetales, minerales, atmósferas y cuerpos astronómicos con un alto nivel de inteligencia, y esa inteligencia se concentra en nuestros cerebros. La inteligencia absoluta de todo el universo cristaliza en el cerebro humano (como en otro tipo de cerebros) y desde allí emerge. Pero sigue siendo la inteligencia absoluta del universo, por lo que nosotros somos uno con todo e interdependemos de todo. No vivimos solamente en un entorno rocoso con aire, arbustos y demás (eso es sólo una forma de definirlo cuando nos referimos a ello de forma analítica), sino que formamos una unidad y nos interconectamos con todo. Las flores con las abejas, los humanos con las vacas, los árboles con la lluvia, los intervalos con el sonido, etc. Y, aun así, la mayoría de gente ha sido educada para ignorar su propia existencia y la del resto del universo y, por lo tanto, no percibe la unidad ni es consciente de las relaciones. Pero cuando te des cuenta de esto, te darás cuenta también de que todo está relacionado entre sí, y es entonces cuando empezarás a vivir en armonía.

Capítulo 5

La vida como una trampa

Hasta ahora he tratado el tema del tejido de la vida desde dos perspectivas diferentes. En primer lugar, he argumentado que nuestra atención es selectiva, lo que significa que constantemente formamos aislamientos (utilizo la palabra como sustantivo) de determinadas cosas, sucesos, personas, etc. Esto nos provoca una sensación de desconexión y soledad en el mundo, porque lo que hacemos es ignorar las conexiones que nos unen entre nosotros y con todo lo demás. He aquí el primer secreto que nadie nos enseña: aparentemente, todas las cosas que catalogamos por separado están en realidad conectadas entre sí a un nivel fundamental.

En segundo lugar, he utilizado la analogía del tejido: hilos que se entrelazan y se unen por detrás del bordado de tal manera que no quedan visibles por la parte de delante. No me gusta utilizar la palabra «inconsciente» porque suena a dormido, pero digamos que en la parte inconsciente de la vida hay conexiones que no son visibles, como en un tejido. Al tejer, los hilos se entrelazan y se sostienen entre sí, y en el proceso cobran vida otros aspectos de la existencia. Así pues, nuestro mundo es una manifestación de la relatividad, y para ello la vida requiere que los polos opuestos estén relacionados entre ellos a todos los niveles. Y aunque éstos sean explícitamente diferentes e incluso antagónicos, el uno forma parte implícitamente del otro. He aquí el segundo secreto: aquello que es aparentemente opuesto en realidad está unificado y es inherentemente mutuo.

Examinemos ahora el tejido de la vida de otra manera. Necesitamos diferentes formas de ver las cosas para llegar a tener una visión completa. Así pues, vamos a considerar la vida como si fuera una trampa, como si fuera una telaraña y nosotros aquella mosca que queda atrapada en ella.

Hay mucha gente que se toma la vida de esta manera y para ellos existir es un infierno y creen que la vida es un terrible error. Todos nos alimentamos de los demás y todo se alimenta de todo. La bondad y el amor son meras fachadas y pretensiones para poder aprovecharnos de los demás. Desde el punto de vista darwinista o freudiano, todos somos máquinas materiales cuya consciencia es simplemente un tipo de química complicadísima. Si ésta es la visión que tenemos sobre la vida, podemos hacer ver que no somos seres desalmados y que tenemos corazón, aunque en realidad seamos monstruos egoístas fingiendo ser lo que no somos. Básicamente, lo único que queremos hacer es comer y copular, pero nos convencemos a nosotros mismos de que nuestros verdaderos propósitos en la vida y nuestras aspiraciones van mucho más allá, aunque con eso lo único que hacemos es enmascarar nuestros instintos más básicos.

Y en parte es así. El universo se rige (al menos por lo que sabemos a partir de la biología) por un sistema bastante peculiar en el que cada uno se come al otro; y así lo hacemos nosotros también, pero de manera ordenada y civilizada. Hay varias especies que se ponen de acuerdo para no comerse entre ellas, cooperan, forman grupos y se van a comer otras especies. Los humanos somos hasta la fecha los mejores aliados a la hora de formar grupos y los monstruos más depredadores de la tierra. Nos dedicamos a asaltar continuamente a vacas, peces, vegetales, gallinas, etc., pero lo hacemos de forma muy discreta: la mayoría de nosotros no llegamos a ver cómo mueren nuestros alimentos. Lo que nos vende el carnicero es bistec, nada que ver con una vaca, y cuando comemos pescado, puede que la forma nos recuerde a la de un pez, pero ya no es ese pez escurridizo y movedizo que aparece cuando tiramos de una caña de pescar. Si atraparas a un pez por ti mismo, te darías cuenta al instante de que al pez todo esto no le está haciendo mucha gracia. Y por esa razón, la mayoría de nosotros preferimos no mirar hacia ese lado insólito y aterrador de las cosas.

La visión del mundo como un sistema de explotación mutua y máximo egoísmo es una visión que puede dar mucho de sí. En algún momento de tu vida deberás considerar dos cosas: en primer lugar, la muerte. Pensarás en cráneos y esqueletos y te imaginarás como sería ir a dormir para no volver a despertar jamás. No es un tema muy agradable en el que pensar, pero piensa que el estiércol, si consideramos su muerte, es capaz de generar y crear vida. En segundo lugar, deberás considerar el hecho de ser un completo egoísta, de no tener nada bueno que decir sobre ti mismo y de ser un auténtico granuja. Una vez que profundizas en la naturaleza del egoísmo, ¿qué descubres? ¿Qué significa amarse a sí mismo, pensar únicamente en tu beneficio o ser alguien que se ama a sí mismo? Es un verdadero rompecabezas que se vuelve cada vez más complicado.

¿Cómo puedo conocerme a *mí* mismo? Sólo puedo conocerme en relación a ti. Cuando pienso en algo que conozco o que me gusta, es siempre algo ajeno a mí. Todo lo que yo pueda llegar a querer desde un punto de vista egoísta proviene del exterior. Hay una reciprocidad (una interdependencia total y mutua) entre lo que yo considero que soy y todo lo demás. Así pues, si te amas a ti mismo con completa honestidad y no te restringes en ningún aspecto ni pretendes ser algo que realmente no eres, de repente descubres que a quien amas en realidad es al universo. No te gusta absolutamente todo de él (sigues siendo muy selectivo), pero en general te quieres a ti mismo por cómo te relacionas con todo lo que te rodea porque, para empezar, si no fuera por tu entorno, no podrías siquiera considerarte a ti mismo.

Una de las mayores contribuciones de Jung a la psicología es el concepto de la sombra. Todos tenemos una sombra. Y según esta idea, la principal tarea del psicoterapeuta es integrar a la persona con su sombra y así poner al demonio en su sitio. Siempre es el demonio (la sombra, el ignorante, el paria, el cabeza de turco, el bastardo, la oveja negra) quien origina las cosas, y a partir de allí se genera todo. En toda obra se necesita la presencia de un villano, de un elemento problemático, y en todo el esquema de la vida se necesita a una sombra, porque sin ella no habría contenido.

Hay una tendencia bastante curiosa que consiste en relacionar el crimen con todo tipo de prácticas obscenas y sagradas. No obstante, que algo sea sagrado no significa que sea bueno, como tampoco las buenas personas tienen por qué ser necesariamente santas. Una persona santa es aquella que se siente realizada y aquella que se ha reconciliado con sus demonios. Aun así, siempre hay algo en las personas santas que causa cierto temor, e incluso hay gente que reacciona de forma extraña hacia ellas, como si no tuvieran claro si ese tipo de personas son en realidad santos o demonios. A lo largo de la historia, las personas santas no han hecho más que crear un problema tras otro. Pongamos a Jesús como ejemplo: la cantidad de problemas que ha creado Jesús son incalculables (las cruzadas, la Inquisición y Dios sabe qué más). Freud sería otro ejemplo, y aunque ambos sean extremadamente problemáticos son también, a la vez, grandes sanadores. Ambos conceptos van de la mano. Las personas santas son como el océano: en un magnífico día soleado, las olas del mar pueden parecer relajantes y maravillosas, pero cuando se avecina una tormenta se vuelven completamente aterradoras.

Cada uno de nosotros es un océano, y Jung pensó que lo que debíamos hacer era penetrar en nuestro interior y descubrir nuestras propias motivaciones con total honestidad. Pero él también sabía que nadie puede ser completamente honesto, y que, al adentrarnos a las profundidades más oscuras e inconscientes de nuestro ser, llegaría un punto en el que daríamos media vuelta y diríamos: «Bueno, ya he tenido suficiente». Con este pensamiento demostramos cierta cordura, porque no podemos ser completamente honestos con nosotros mismos. Cuando percibimos el tejido de la vida como una trampa, el engaño (más concretamente el autoengaño) se vuelve esencial.

El humor es aquella capacidad que tenemos para reírnos de nosotros mismos, y aunque también hay otro tipo de humor mezquino que consiste en reírse de los demás, el humor más profundo se basa en uno mismo. ¿Por qué nos reímos de nosotros mismos? Porque sabemos que hay una gran diferencia entre lo que sucede en el exterior y lo que sucede en el interior. Si te fijas en un bordado, la parte frontal no tiene nada que ver con la parte trasera, porque las personas preferimos simplificar y vivir con orden por delante y desorden por detrás; es como barrer el polvo debajo de la alfombra justo antes de que lleguen los invitados. Nuestras vidas están repletas de situaciones como ésta, y si realmente crees que tú eres diferente estás engañándote a ti mismo y escondiendo tu desorden en algún otro lugar, lejos de tu propia conciencia. Todos cogemos atajos, engañamos y hacemos trampas, porque todos llevamos implícito en nosotros un elemento de falsedad y engaño. La naturaleza es un buen ejemplo: los camaleones cambian de color, las mariposas parece que tengan ojos en las alas, las flores engañan a las abejas, etc. Imagina por un momento las consecuencias que podrían desencadenarse si las flores si no engañaran a las abejas.

¿Qué es lo que encuentras cuando te analizas a ti mismo, cuando cuestionas tus motivaciones o cuando tratas de descubrir ese auténtico yo oculto en lo más profundo de tu ser? Es como pelar una cebolla y buscar su corazón: una capa, otra capa, y otra capa, y otra más. Pero, ¿dónde está el centro? Para ello los maestros zen utilizan los *koans,* porque éstos requieren un acto de búsqueda sincero, genuino y perfecto.

La gente se rompe la cabeza intentando resolver los *koans,* mientras que el maestro, como puede leer sus esfuerzos y pensamientos, siempre sabe por dónde saldrán. Así pues, debes analizarlos de forma genuina, pero no a propósito. ¿Cómo se consigue eso?

Cuando te obsesionas creyendo que el mundo es una trampa que te absorbe y que no te deja escapar, profundiza más en ese sentimiento. No retrocedas, déjate llevar hasta el límite. Si sospechas que eres egoísta, profundiza hasta lo que realmente significa el egoísmo. La confusión se da generalmente cuando no se desarrolla un sentimiento o una idea en profundidad. La gente dice que quiere vivir para siempre, que quiere este o aquel coche nuevo o una cierta cantidad de dinero que les haga felices, etc. En ese caso, desarrolla ese hilo de pensamiento hasta el final. ¿Qué pasaría si todos esos deseos se cumplieran? Cuando te quedes embobado pensando en alguien que te gusta, dale la vuelta al bordado y míralo por detrás. Fíjate en todo el desorden que hay, pero sin que nadie te vea haciéndolo; hazlo en secreto, porque por la parte frontal de tu bordado estas aparentando que todo está perfectamente en su sitio. Eso es precisamente lo que te hace humano, y eso es lo que te hace interesante.

Capítulo 6

La vida como un juego

Como ya he argumentado anteriormente, nuestros sentidos y nuestra consciencia son muy selectivos. Seleccionamos ciertas cosas como significativas partiendo de una serie de reglas de juego, y al juego que solemos jugar más es al de la supervivencia. Sin embargo, resulta que fracasamos estrepitosamente, porque la primera regla en el juego de la supervivencia es que esto no es ningún juego. Así que ten cuidado, porque cuando juegas bajo ciertas reglas de juego totalmente contradictorias, el juego pierde la gracia y comienzas a ponerte tensión y más tensión y al final no vale la pena jugar.

Cuando escuchamos de forma selectiva (cuando sentimos de forma selectiva) no percibimos los patrones que hay de fondo. El mundo está constituido básicamente por patrones, y nosotros somos organismos que funcionamos de la misma manera. Cuando comemos, por ejemplo, convertimos los alimentos en patrones de huesos, músculos y sistemas nerviosos. Y a veces incluso los buscamos a través de microscopios para ver los patrones del mundo en miniatura o a través de telescopios para admirarnos de los patrones del cosmos. Adornamos nuestras casas con patrones que encontramos en las pinturas y admiramos los patrones de la naturaleza: el océano, las nubes, el volar de los pájaros, etc. Los patrones reflejan el universo en movimiento. A pesar de no cantar ni bailar tanto como lo hacíamos antes en nuestra cultura, nuestros cuerpos formados por patrones están constantemente en movimiento: nuestros corazones, nuestros pulmones, nuestros ojos, los capilares y todo lo demás está constantemente en danza.

¿Podríamos ver la vida como algo divertido? ¿Como algo que no fuera tan lúgubre? Hemos sido criados en un contexto cultural en el que el universo está presidido por alguien que es extremadamente serio. Sólo en referencias muy ocasionales y oscuras en las Escrituras del judaísmo y el cristianismo encontramos la figura de Dios bailando. No obstante, los hindúes piensan todo lo contrario y suelen representar a Shiva y a los otros dioses bailando. Sin embargo, desde nuestra perspectiva debemos mostrar respeto solemne, guardar silencio total dentro de una iglesia y sobre todo no reír, porque los cielos no lo permiten. ¿Y por qué no podemos reír? ¿El Padre Todopoderoso es un tipo tan inseguro que se inquieta si alguien se ríe? ¿Como si la risa desafiara su poder? Y así es como mitificamos la verdadera realidad. Dios es este gran papa cósmico (ese rey severo) que exige, por encima de todo, veneración y respeto eterno.

Por lo tanto, no es fácil para nosotros aceptar la noción racional de que la vida es divertida. Imagínate el universo como si fuera un niño que pregunta: «¿Quieres venir a jugar conmigo?». Y dudamos, no estamos muy seguros. Nosotros también somos niños, pero no creemos que sea buena idea jugar con el universo. Tal vez pensemos que nos quiere llevar por el mal camino, o tal vez que sería mejor hacer otra cosa, algo más serio, como por ejemplo lavar los platos tal y como nos ordenó mamá. Sin darnos cuenta, el hecho de lavar los platos en sí ya es divertido. No lavamos los platos por ninguna razón en especial, sino porque queremos que las cosas estén limpias. Como dicen los holandeses de Pensilvania, lo hacemos «por gusto». Simplemente te gusta este patrón de esta manera.

Sin embargo, las personas se vuelven terriblemente compulsivas haciendo cosas que creen que *deben* hacer; piensan que poner en orden los patrones de sus vidas es algún tipo de deber o deuda que tienen con ellos mismos o con los demás. Ése es el problema. Los padres a veces, en vez de ser honestos, les plantean este escenario horrible a sus hijos: «Hemos hecho muchos sacrificios por ti. Te hemos apoyado, te hemos comprado ropa, hemos pagado tu educación y ahora resulta que eres un niñato desagradecido». El niño se siente terriblemente culpable y de mayor les enseñará a sus hijos a sentirse de la misma manera. Hemos incorporado en nuestra propia experiencia la idea de que la existencia es culpa. Incluso algunos existencialistas afirman que la culpa es ontológica y que no sentir culpa te hace menos humano.

No puedes pretender que la gente esté agradecida a base de hacerles sentir culpables, porque así nunca lo estarán. Pueden hacer ver que sí, que están muy agradecidos y que están dispuestos a montar cualquier tipo de espectáculo para darte las gracias y reconocer que están en deuda contigo. Pero la realidad no es ésta. El concepto de la culpa ha sido desde el principio una farsa monumental. Tu padre y tu madre se lo pasaron en grande trayéndote al mundo (o al menos esperemos que fuera así), y aunque luego hayan querido ponértelo de la peor de las maneras no tienen motivos para quejarse. En definitiva, tenemos que el concepto de culpa es de todo menos honesto.

Cuando la gente no admite que está jugando a un juego (especialmente cuando te hacen participar a ti también), están siendo injustos y están amañando el juego. Están haciendo jugar a alguien que realmente no comprende que la vida cotidiana es un juego, y por esa razón es muy importante primero admitirlo uno mismo. Todas aquellas personas que se consideran realmente humanas admiten que están jugando a un juego y que son bribones, bromistas y embaucadores. Yo mismo te he engañado para que me prestaras atención y has caído en mi trampa. ¿Lo ves? Por eso he intentado que la trampa fuera lo más entretenida posible para no hacerte sentir mal.

71

Cuando vas a un concierto y escuchas a alguien tocar piezas de Bach, Mozart o Beethoven, ¿de qué trata toda esa música? No trata sobre nada en especial, trata sobre la belleza de la música con todas esas combinaciones de sonidos y melodías que suben y bajan. Lo mismo ocurre con la existencia, que va de un lado a otro formando colinas y valles y lugares oscuros y de luz. Pero eso no quiere decir que la vida no tenga sentido o que sea «sólo» un juego.

¿Has visto el cuadro de Jan van Eyck sobre el juicio final? Allí sale todo. En el cielo está Dios el Padre, Dios el Hijo, Dios el Espíritu Santo, la Virgen María y los apóstoles vestidos de blanco. Los apóstoles están sentados formando un comité con un pasillo en medio, como si estuvieran en una iglesia, y todos están allí sentados muy solemnemente. Al final del pasillo aparece el arcángel Miguel, que, con una armadura y unas alas espléndidas, está a punto de clavar su espada en un esqueleto con alas de murciélago. Debajo de las alas de murciélago se encuentra el infierno, donde se representan todo tipo de atrocidades. Los cuerpos desnudos (algunos de ellos bastante atractivos) están siendo devorados por gusanos, y aparecen también demonios, aves rapaces y todo tipo de seres abominables. No hay duda: Jan van Eyck se divirtió mucho más pintando la parte inferior del cuadro que la parte superior. Lo mismo ocurría con los embaucadores Hieronymus Bosch y Pieter Brueghel el Viejo: les encantaba recrearse en cada detalle demoníaco que pintaban por muy grotesco y surrealista que fuera, aunque luego no pudieran admitirlo.

Una vez que consigas despertar, descubrirás un secreto muy particular: la vida es también una cortina o un velo, el mismo velo que oculta a los ángeles el rostro de Dios. No podemos verlo completamente todo. Precisamente por esa razón disfrutamos de un buen *striptease,* porque siempre se insinúa algo más. Siempre quieres que haya un pequeño velo allí que lo haga todo más misterioso: ¿qué tipo de persona será esta bailarina? ¿Cómo sería estar enamorado de ella? ¿Tendría mal aliento? Nunca podrás llegar a saberlo realmente, porque nunca llegas a saberlo todo.

Lo que intento hacer con vosotros es compartir un cierto estilo de vida y una cierta actitud ante la vida. Os he apartado un segundo de vuestro camino y os he dicho: «Escuchad, niños. Las cosas no son lo que parecen, así que no os dejéis engañar. Están urdiendo un gran engaño y os están involucrando a todos». Simplemente creo que todos deberíais saberlo para poder disfrutarlo también. Me desconcierta muchísimo la gente que en vez de disfrutar la vida se dedica a amargarse. ¡Tanto esfuerzo y sacrificio para hacer que sus vidas sean aún más miserables! No os estoy diciendo todo esto para que creáis que debéis despertar, o porque se trate de un asunto grave o porque necesitéis despertar vuestra consciencia social, etc. En absoluto. Porque una vez que hayáis hecho todo eso, ¿entonces qué? Cuando hayamos alimentado a aquéllos con hambre, hayamos vestido a aquéllos sin ropa, hayamos contribuido con grandes avances tecnológicos y hayamos abolido completamente la política, entonces, ¿qué haríamos después?

Para contagiar alegría, necesitas tener alegría. Para encantar a los demás tienes que ser (más o menos) encantador. No lo conseguirás fingiendo ser encantador, sino realizando acciones y viviendo una vida que sea encantadora para ti. Las personas interesantes son aquellas que tienen intereses. Las personas que piensan en todo tipo de cosas y a las que les fascinan las personas y la vida se convierten en personas fascinantes. Pero aquel que no piensa en nadie más es aquel que es y será aburrido. En otras palabras, cuanto más te relacionas con el mundo exterior, más te enriqueces. Pero si intentas enriquecer tu personalidad apuntándote a un curso sobre cómo hacer amigos o cómo influenciar a la gente, sobre cómo ser una persona «real» o sobre cómo ser una persona espiritual o lo que sea, estás perdiendo el tiempo. Simplemente las cosas no funcionan así.

Si me pongo a gritar de forma monótona sin ningún tipo de ritmo, no tardarás mucho en hacerme callar. Es molesto y a nadie le gusta escuchar eso. O quizás al final simplemente dejes de escuchar ese sonido porque tu consciencia se habrá vuelto insensible a él. Lo que queremos escuchar es el intervalo, la pausa. Esos silencios son los que crean el ritmo, y cuanto más complejos son los patrones de silencio, más interesante es el ritmo, porque es ahí donde nos sorprenden. Pero la gente aburrida no hace eso: se ponen el sombrero como deben, comen lo mismo todos los días, van a la misma oficina, etc. Es la misma canción repitiéndose en bucle un día tras otro.

Pero si realmente te analizas a ti mismo y profundizas cada vez más en tu propia naturaleza, descubrirás que eres un ritmo. Y no sólo eso, descubrirás también que eres un ritmo que marca ritmos, y debajo de ese ritmo hay otro ritmo que marca otro ritmo diferente. Todo vibra, todo es ritmo. Entonces, ¿quién es el músico? ¿Quién marca el ritmo? Han desaparecido todos, y por más que los busquemos no están, aunque luego vuelven a aparecer cuando dejamos de buscarlos. Y si intentas encontrarlos de nuevo, volverán a desaparecen: en esto consiste la vida.

TERCERA PARTE

EL ÉXTASIS
INEVITABLE

Capítulo 7

Apego y control

Cuando éramos bebés, éramos únicamente conscientes de lo que sentíamos, aunque no supiéramos cómo describirlo con palabras. A medida que fuimos creciendo aprendimos a diferenciar una cosa de la otra, un suceso del otro, y a nosotros mismos de todo lo demás; y no hay nada malo en ello, siempre y cuando no olvidemos la base. Las montañas son diferentes entre ellas, pero la base sigue siendo la misma. Puede que tengamos diferentes palabras para diferenciar una montaña de la otra, pero en ningún caso tenemos palabras para definir la base. Las palabras sólo sirven para distinguir, y no existe realmente ninguna palabra (o idea, en este caso) para la no distinción. La podemos sentir, por supuesto, pero no la podemos «pensar». Sabemos que somos conscientes, pero no sabemos exactamente qué es la consciencia en sí, porque la consciencia está presente en todo tipo de experiencia concebible. Supuestamente, un pez no sabe absolutamente nada sobre el agua porque nunca ha salido del agua.

Sin embargo, a medida que vamos creciendo nos olvidamos de la base. Nos quedamos tan fascinados, tan hechizados y tan encantados por todas las cosas que nos enseñan los adultos que perdemos de vista la esencia. Llegamos a pensar que todas aquellas distinciones que hemos aprendido son las realmente relevantes y las únicas que deberían preocuparnos. Nos quedamos hipnotizados y atrapados en este enfoque de distinciones llamativas y creemos que son lo más importante. En el budismo, a esa sensación errónea de estancamiento se le llama «apego».

Con «apego» no nos referimos a disfrutar de la cena, a apreciar la belleza o a dormir, como tampoco a ciertas reacciones como el miedo o el dolor.

Todas ellas son respuestas naturales de nuestro organismo hacia su entorno. La palabra sánscrita que hace referencia a ese «apego» es *klesha,* aunque una mejor traducción seria «obsesión». Nos obsesionamos con esto y lo otro, nos atascamos, nos bloqueamos y nos quedamos sin poder salir de ese estado tambaleante de vacilación. El término *klesha* se refiere precisamente a eso. Nos obsesionamos con todo tipo de cosas, y nuestros padres, tías, tíos, maestros y compañeros nos enseñan a tener esas obsesiones. Las dos grandes obsesiones que nos inculcan desde bien pequeños son la distinción entre nosotros mismos y los demás y la distinción entre acciones voluntarias e involuntarias. Para un niño eso representa una gran confusión. Por ejemplo, le dicen que vaya a dormir, que haga sus necesidades, que quiera a sus padres o que deje de ponerse nervioso, aunque supuestamente todas estas cosas deberían suceden por sí solas. Así pues, a un niño se le ordena hacer aquello que más le plazca a los adultos y superiores, aunque se trate de cosas que deberían suceden de forma espontánea. No es de extrañar, pues, que estemos todos tan confundidos.

Como resultado desarrollamos el llamado *ego.* Antes de seguir, me gustaría aclarar que con ego no me refiero a algo equivalente a nuestro organismo vivo en particular, sino a algo bastante más abstracto. El ego tiene la misma función y podría equivaler a una hora, a un centímetro, a un euro o un meridiano, y sirve muy convenientemente para poder tratar el tema que sea. El ego tiene su raíz en nuestras convenciones sociales, pero la falacia que todos cometemos no es otra que la de tratar esa abstracción como si fuera algo real y físico, cuando el ego es simplemente una composición de ideas e imágenes sobre nosotros mismos. Obviamente, esta imagen no hace que nosotros seamos más «nosotros», al igual que un árbol es únicamente un «árbol».

Además, la imagen que tenemos sobre nosotros mismos es sumamente imprecisa e incompleta. La imagen que tengo yo de mí no es para nada la imagen que tienes tú de mí, y la imagen que tengo yo de ti no es para nada la imagen que tienes tú de ti. Es más, la imagen que tengo de mí excluye toda clase de información respecto a mi sistema nervioso, la circulación, el metabolismo y todo tipo de relaciones sutiles con el universo humano y no humano que nos rodea. En otras palabras, la imagen que tengo de mí mismo (mi ego) es básicamente una caricatura. He llegado a tener esta imagen de mí principalmente a través de interacciones con otras personas que me definieron de una manera u otra (directa o indirectamente), y esa imagen es la que muestro al mundo y la que el mundo me devuelve. Desde un principio nos han inculcado que esta imagen o apariencia tiene que ser consistente. Para mucha gente, la búsqueda de la identidad es la búsqueda de una imagen aceptable. «¿Qué papel se supone que debo hacer?». «¿Qué se supone que debo hacer en esta vida?». Estas preguntas no dejan de ser importantes, pero también pueden crear, a menos que estén respaldadas por motivos más profundos, mucha confusión.

Podrías protestar y decir que te consideras a ti mismo como una imagen; podrás decir también que te sientes mucho más real que eso y que eres el centro de algo. Pues bien, vamos a analizarlo. ¿Quién eres tú en términos de tu cuerpo? Si te miras a ti mismo, lo único que puedes ver son tus pies, las piernas, el vientre, los brazos, las manos y, muy vagamente y cerrando un ojo, una parte de la nariz. Asumes que tienes una cabeza porque todos los demás tenemos cabeza, o porque quizás te hayas mirado en el espejo y el espejo haya reflejado tu cabeza. Pero realmente nunca llegarás a verla, como tampoco tu espalda. Y entonces, naturalmente, pones tu ego en esa parte invisible de tu cuerpo porque parece que todo venga de allí, y puedes incluso *sentirlo*. Pero, ¿qué es lo que sientes? Si miro con claridad (si mis ojos funcionan correctamente), mis ojos no son conscientes de sí mismos, y a menos que vea manchas o detecte algún tipo de interferencia en mi visión, yo tampoco soy consciente de estar mirando. De la misma manera, si mi ego funciona correctamente, ¿por qué debería ser consciente de ello como algo que está «allí»? No es más que un estorbo o un impedimento, sobre todo porque el ego es muy difícil de controlar. Así pues, lo que *sentimos* no es eso.

Lo que sentimos es una especie de sensación habitual y crónica de tensión muscular que aprendimos de niños cuando nos enseñaron a realizar actividades espontáneas de forma voluntaria. Sentimos esa tensión cuando alguien nos dice que «miremos atentamente» o que «prestemos atención». Intentamos utilizar nuestros músculos para hacer que nuestros nervios funcionen, lo cual es inútil y en realidad obstaculiza el buen funcionamiento de nuestro sistema nervioso. Aguantamos la respiración, controlamos nuestras emociones, apretamos el estómago y nuestro recto por miedo y nos «hacemos uno». Esta tensión crónica es conocida en sánscrito como *sankocha* (contracción), y es la raíz de lo que llamamos el sentimiento del ego. Esta sensación de opresión es el referente físico de nuestra imagen psicológica.

El ego es útil, naturalmente, para la comunicación social (esa idea de ser un individuo con un nombre). Eso funciona bien siempre y cuando sepamos lo que estamos haciendo y lo interpretemos como lo que realmente es. Sin embargo, nos obsesionamos tanto con este concepto que nos confundimos y concebimos la idea de poder sentirlo de otra manera. Cuando escuchamos que hay gente que trasciende el ego, pensamos: «Vaya, ¿cómo lo habrán conseguido?». Pero es ridículo pensar eso. Ellos «trascienden» el ego porque desde un principio nunca estuvo realmente allí. El ego no se puede trascender, como tampoco se puede cortar una rodaja de queso con un meridiano.

Supongamos que vuelves a ser un bebé: no sabes absolutamente nada y para ti las palabras son sólo ruido. No intentes cambiarlo, no hagas ningún esfuerzo. Naturalmente, sentirás ciertas tensiones en tu cuerpo y palabras o ideas deambulando por tu mente, como lo hace el viento cuando sopla o las nubes cuando se desplazan por el cielo. Que nada de esto te perturbe, no tienes que deshacerte de nada. Sé consciente de lo que está sucediendo en tu cuerpo y en tu mente al igual que eres consciente de que hay nubes en el cielo. Concéntrate solamente en ello y limítate a mirar, sentir y escuchar sin nombrar, y si *estás* nombrando cosas no pasa nada, pero vigila: no puedes forzar nada, no puedes dejar de pensar o dejar de nombrar de forma voluntaria. ¿Te das cuenta ahora? Eso no significa que se te dé mal meditar ni tampoco que sea un signo de derrota; eso sólo demuestra que todo fluye por sí solo y que el «yo» individual y aislado de todo es sólo producto de tu imaginación. Pero recuerda que sigues siendo un bebé. Sientes que suceden cosas, pero no sabes qué diferencia hay entre esas cosas y tú porque nadie te ha enseñado aún a hacer esa distinción. Nadie te ha enseñado tampoco si lo que ves delante de ti está cerca o lejos de tus ojos. A todo lo que sientas y experimentes le llamaremos «esto», que es en definitiva todo lo que sucede. Los chinos le llaman el Tao y los budistas «ser eso» o *tathātā*. Y no te está ocurriendo a *ti*, porque, ¿qué eres *tú?* Tú eres sólo un aspecto más de lo que sucede.

Entonces, ¿quién tiene el control? El concepto de que haya algo o alguien que controle todo lo demás resulta extraño, como si los procesos requirieran algo externo a ellos para que los controlaran. ¿Por qué los procesos no se pueden controlar ellos mismos? Solemos decir: «¡Contrólate!», como si una persona se pudiera dividir en dos con una parte separada del yo que se supone que debe controlar. ¿Cómo puede ser posible algo así? ¿Puede iniciar un sustantivo un verbo? Hay una superstición muy arraigada en nuestra cultura de que todo esto sí es posible. Tienes en funcionamiento un proceso espontáneo que se controla a sí mismo y que es consciente de sí mismo a través de ti. Eres una abertura por la cual el universo se refleja a sí mismo, y precisamente porque se refleja a través de ti, siempre habrá un aspecto de sí mismo que no podrá ver. Eso termina convirtiéndose en el juego del escondite. Pero cuando preguntas: «¿A quién le toca pillar ahora?», sigues basándote en la suposición de que cada verbo necesita un sujeto. Si afirmas que para que haya conocimiento alguien ha de conocer primero, simplemente estás aplicando ciertas reglas gramaticales a la naturaleza. Sin embargo, muchas lenguas utilizan verbos sin sustantivos, y cuando intentas averiguar realmente quién está realizando la acción sin ser parte de la acción es imposible. De la misma manera no puedes encontrar «cosas» subyacentes a los patrones de la naturaleza, porque aquello a lo que llamamos «cosas» son simplemente patrones que percibimos como borrosos.

Utilizamos las siguientes palabras para referirnos a ellas: energía, materia, ser, realidad, Tao y universo. ¿Sabías que la palabra *universo* significa «un giro»? Ahora intenta girarte tú, intenta girarte para mirarte a ti mismo. ¡Pero no vas a poder girarte dos veces para verte a ti mismo! Como dicen en el zen: no puedes llegar a comprenderlo, pero tampoco puedes obviarlo, y al no poder agarrarlo, entonces lo entiendes.

Esto es lo que los gurús han utilizado para engañarte y conseguir que abras los ojos. Todas estas pruebas por las que te han hecho pasar han servido simplemente para convencerte de que no hay nada que puedas hacer al respecto, pero no de «convencerte» sólo en la teoría. Como yo no soy ningún gurú (no voy guiando espiritualmente y de forma individual a la gente), tal vez no sea buena idea desvelar los trucos que utilizan ellos, aunque puede que lo haga. Seguirás sufriendo, sufriendo y sufriendo mientras tengas en tu interior esa sensación de que te falta algo. Todo el mundo te animará a que sigas pensando de esta manera porque ellos también sienten esa carencia. Quizás piensen que a través de este método u otro podrán llegar a encontrarlo, y por eso intentarán convencerte para que tú también sigas su método.

Los gurús se sirven de este comportamiento para engatusar a sus alumnos. El gurú les adjudica tareas que parecen difíciles, pero no imposibles, y eso les da una sensación de progreso. Pero el gurú también les asigna tareas que son imposibles, y allí es donde te obsesionarás. Aquellos ejercicios que sean posibles, por supuesto, harán que dupliques tus esfuerzos para poder resolver los imposibles. Puede haber múltiples rangos o niveles por los cuales puedas ir avanzando, como si fueran niveles de mampostería o rangos en los cinturones de judo, pero en este caso serían diferentes etapas de consciencia o algo por el estilo. Y como sigues sintiendo que te falta algo, empiezas a competir contigo mismo y con los demás. Sin embargo, todos estos esfuerzos, toda esta competencia y toda esta búsqueda es como si se hubiera empleado para buscar uno mismo su propia cabeza. Como no puedes verla, crees que la has perdido, y allí está la clave. Como no podemos ver nuestro interior con nuestros propios ojos pensamos que lo hemos perdido, y entonces es cuando iniciamos una búsqueda para encontrarnos a nosotros mismos, a Dios, al atman o a lo que sea. Pero eso es lo único que no vamos a poder encontrar, porque ya lo somos.

Como no puedes hacer nada para encontrarlo, te dices a ti mismo: «Bueno, entonces no hay nada que pueda hacer». ¿Por qué dirías algo así? ¿Por qué te desviarías de tu camino sólo para darte cuenta de algo tan irrelevante? Seguramente porque tienes esa extraña sensación de que si te dices a ti mismo que no hay nada que puedas hacer al respecto, ocurrirá algo inesperado. Pero incluso eso es inútil, nada funciona. Y cuando ya no puedes hacer nada más, ¿dónde te has quedado tú? El mundo no se detiene y siempre siguen *pasando* cosas, y a eso mismo me refiero. Todas estas sucesiones de cosas *ocurrirán* igual estés o no haciendo algo al respecto, y aunque no hagas nada, seguirán ocurriendo. Esto es fundamental: por mucho que pienses o te preocupes, todo seguirá su curso.

Lo podrías llamar determinismo, pero te estarías equivocando: nadie se determina. Si concibes el determinismo como la dirección de los sucesos en relación con el pasado (la idea de que el pasado es la raíz de todo presente y futuro) estás perdiendo de vista la realidad. El presente no surge del pasado. Si cierras los ojos y escuchas los sonidos que te rodean podrás darte cuenta: ¿de dónde vienen? Vienen del silencio; van y vienen como si fueran ecos en el laberinto de tu cerebro. Los sonidos no vienen del pasado, vienen del presente y luego se apagan. Puedes probar este ejercicio con los ojos también. Por ejemplo, si estás viendo a alguien en la televisión fíjate en sus manos: cuando se mueven, pensamos que el movimiento viene dado por las manos, y como las manos estaban allí primero, el movimiento viene dado después. No nos damos cuenta de que el recuerdo que tenemos de las manos es un eco y que ese «estaban» ha sido siempre en presente. Nunca «estuvieron» y nunca «estarán» allí, sino que siempre reflejan el presente y siempre «están» allí. El movimiento de las manos lo recordamos como si fuera el de una estela de un barco; pero la estela no mueve el barco. De la misma manera, el pasado no *mueve* el presente, a menos que insistas en que sí lo hace.

Al final te darás cuenta de que todo esto que sucede no te está sucediendo *a* ti, porque tú formas parte de lo que está sucediendo. El único yo que existe es aquello que sucede. Interiorízalo y olvídate de todas esas estúpidas distinciones que te han enseñado, porque no te ayudarán a percibir la realidad tal y como es. Debes comprender también que nada de eso viene determinado. Experimentarás una extraña sensación de síntesis entre lo que haces y lo que sucede: la acción es un suceso como lo es el propio suceso en sí, y suceder es una acción como lo es la propia acción en sí. Esta profunda experiencia que tienen algunas personas hace que, si no la comprenden adecuadamente, lleguen a proclamarse ellos mismos como el omnipotente Dios Todopoderoso en el sentido hebreo o cristiano. Bueno, puede que sí seas omnipotente, pero no en este sentido. Yo soy omnipotente en cuanto a ser parte del universo, pero en mi papel de Alan Watts no soy omnipotente, sólo astuto.

Con esto en mente, examinemos el dolor y las respectivas reacciones que éste nos puede producir. Una vez más, verás que cuando examinas el problema de esta manera se establece al instante una dualidad con el dolor por un lado y la persona que lo sufre por el otro. Debería ser evidente, entonces, que una gran parte de la energía proveniente del dolor deriva de la resistencia que podamos ofrecer. Esa resistencia puede tomar muchas formas: puedes intentar evadir una migraña, por ejemplo, y darte cuenta rápidamente de que es imposible porque parece que esté allí en el mismísimo medio de todo y por mucho que te resistas el dolor te persigue. Muchos de estos tipos de dolor suelen ser el doble de problemáticos por la ansiedad previa que nos provocan y por los juicios que tenemos sobre ellos. En un hospital, por ejemplo, gritar es tabú; no es un lugar diseñado para tu comodidad, sino para la comodidad del personal. Todo se hace de manera que se interiorice el dolor localizado. Por lo tanto, nada más empezar ya tenemos un gran problema social que influye en nuestra reacción ante cualquier tipo de dolor. Por ejemplo, cuando una niña ingiere cierto alimento que no está en buen estado y lo vomita, todos exclaman: «¡Uf!», cuando el acto de vomitar es, en realidad, un acto de liberación placentero para el cuerpo si lo que está sufriendo es un malestar estomacal. La gente aprende de sus padres o profesores que los vómitos son desagradables, que los excrementos son desagradables y que todo lo relacionado con la muerte y las enfermedades es desagradable. Pero en realidad, estar enfermo o morir no tiene nada de malo ni dramático.

¿Quién dijo que tenías que sobrevivir? ¿Quién te hizo creer que era mejor seguir, seguir y seguir viviendo? Obviamente, no podemos vivir para siempre, ya que, en primer lugar, habría sobrepoblación. Así que, en realidad, morir es un acto honorable, porque se está dejando espacio en la tierra para que vengan otros. No hay ninguna otra alternativa. Incluso si pudiéramos vivir para siempre, al final nos daríamos cuenta de que lo que realmente queríamos no era sobrevivir así. ¿Por qué tenemos hijos si no? Nuestros hijos son nuestra supervivencia, le pasamos el relevo a ellos. No podemos llevar el relevo para siempre, y por eso lo ofrecemos a otra persona. Seguir con el proceso de la vida a través de diferentes individuos es, para la naturaleza, mucho más entretenido que hacerlo siempre a través de los mismos.

Si en la vida nos centráramos solamente en sobrevivir y obtener beneficios, se perdería la magia. Fíjate en los niños: las cosas cotidianas son maravillosas para ellos porque las viven como si fuera la primera vez, sin relacionarlas con la supervivencia ni obtener ningún beneficio. Incluso un rasguño en el suelo es pura magia para un niño. Con el tiempo, sin embargo, dejamos de ver la magia que hay en el mundo y dejamos de ser conscientes de nosotros mismos y de la naturaleza, por lo que morimos. Seguir viviendo así no tendría sentido. Aparecerá alguien nuevo que vea y aprecie el mundo desde una nueva perspectiva, y entonces sí que valdrá la pena seguir jugando a este juego de la autoconciencia que nos propone la naturaleza.

No es algo natural para nosotros querer prolongar la vida de forma indefinida. Sin embargo, vivimos en una cultura que trata de convencernos constantemente de que la muerte es algo terrible, algo que debería evitarse a toda costa. Por ejemplo, fíjate en cómo tratamos a los ancianos en los hospitales. La abuela se muere y ella misma sospecha que se está muriendo, y, aun así, la familia y el médico conspiran para ocultarle tal obviedad. Por alguna razón, la familia también tiene la extraña sensación de que es importante transmitirle coraje y esperanza mintiéndole y diciéndole: «Ya estás mucho mejor, seguramente podrás caminar en unas semanas». A partir de ahí se va generando una desconfianza mutua, porque una vez que empiezas a mentir a ese nivel, la tendencia es desconfiar también a otros niveles. Y la abuela termina muriendo sola y repentinamente, sin estar preparada y sedada hasta tal punto que la muerte no puede llegar a ser ninguna experiencia espiritual.

Cuando estuve en Zúrich en 1958, conocí a un hombre extraordinario llamado Karlfried von Dürckheim que había sido un agente nazi enviado a Japón para difundir propaganda. Allí terminó estudiando zen y experimentó un renacimiento espiritual mientras estuvo encarcelado después de la guerra. Finalmente, cuando regresó a Alemania decidió abrir un centro de meditación en la Selva Negra y dedicó su labor a personas que habían sufrido crisis espirituales durante la guerra. Lo que descubrió fue que hubo personas, y una detrás de otra, que experimentaron lo que él denominó como «*satori* natural» bajo la amenaza de muerte. La gente oía venir las bombas (escuchaban ese silbido en particular) y ya sabían que ellos eran el objetivo. Lo que sucedió fue que esas personas (que se daban por muertas) se resignaron. Y una vez aceptaron su destino, tuvieron una extraña sensación de comprenderlo absolutamente todo, de comprender que todo en el universo era exactamente como debía ser y que cada grano de polvo en el universo estaba exactamente donde tenía que estar. En ese preciso instante entendieron el significado completo de todo, aunque no pudieron describirlo. Después, esas personas que tuvieron esa profunda experiencia trataron de transmitir lo que habían visto y sentido a sus familiares, pero nadie quiso escuchar: «Bueno, estabas bajo mucha presión y probablemente tuviste una alucinación», o cosas por el estilo. Pero Dürckheim los escuchó y no consideró que fueran alucinaciones, sino ejemplos muy raros de personas que en realidad habían despertado.

Ésta es la oportunidad que te presenta la muerte. Si puedes ir hacia ella con los ojos abiertos y el apoyo de todos los demás, puedes llegar a experimentar este suceso extraordinario. Viéndolo de esta manera podrías decir: «¡No me perdería esta oportunidad por nada del mundo! ¡Ahora entiendo por qué morimos!». La razón por la que morimos no es otra que para entender en qué consiste la vida, y sólo podemos experimentarla cuando dejamos de aferrarnos a ella, porque sólo entonces llegamos a una situación donde el ego no sabe cómo mediar. Cuando dejamos de estar hipnotizados, nuestra conciencia natural puede ver claramente la verdadera finalidad del universo. Pero dejamos escapar esta oportunidad. Apartamos la muerte de nuestro camino en lugar de fomentar una aceptación social de la muerte y así poder regocijarnos en ella. No digo que en nuestro lecho de muerte tenga que haber globos, regalos y risas; sólo digo que necesitamos un nuevo enfoque. En lugar de ponernos tristes y hacer un espectáculo deprimente (en particular los cristianos, aquellos que en teoría creen que irán al cielo), lo que nos debemos a nosotros mismos es un enfoque completamente nuevo sobre la muerte.

Es comprensible que algunas personas mueran con ciertas preocupaciones sobre sus cónyuges e hijos. Sin embargo, nadie es indispensable, y llegará un punto en el que tendrás que decir: «Lo siento, pero abandono todas mis responsabilidades porque ya no hay nada más que pueda hacer». Ésa es otra forma de rendirse. Cuando te liberas de todo de esta manera, sucede algo realmente curioso: te das cuenta de que, para ser relevante, tu existencia no tiene por qué ser eterna. Con un instante es más que suficiente, porque al fin y al cabo la continuidad cuantitativa tiene poco valor. ¿Cuánto tiempo puedes aguantar la respiración? ¡A quién le importa!

No hace falta ser víctima de bombardeos ni tampoco haber estado en campos de concentración. En este mismo instante nosotros también podríamos estar a punto de morir y con ello tener esa oportunidad de entender genuina y honestamente los misterios de la vida, porque la muerte es, en cierto modo, la fuente de la vida. En el bosque, cuando las hojas mueren caen del árbol al suelo y de allí salen hongos, se descomponen y forman el humus, y a partir de allí crecen más plantas. Éste es el ciclo de la vida.

Pero nosotros lo que hacemos es intentar detener este ciclo. Las funerarias, por ejemplo, se encargan de hacer que el cuerpo sea incomible para los gusanos, como si ser devorado fuera humillante para el ser humano. ¿Por qué? Comemos de todo y no ofrecemos nada a cambio, y eso es sintomático de nuestra profunda desorientación sobre la muerte. No sólo consideramos la muerte como una humillación, sino que también enviamos a mujeres embarazadas al hospital para que den a luz de la forma más poco natural y extraña posible. Tendemos cada vez más a considerar las transformaciones sanas, inevitables y naturales del cuerpo como patológicas.

¡Dentro de nada estaremos teniendo relaciones sexuales sobre una mesa de operaciones para asegurarnos de que todo el proceso sea higiénico! Cada vez más nos estamos viendo interferidos por los especialistas, y eso hace que nos consideremos menos dueños de nosotros mismos. Ni siquiera podemos morir a nuestra manera sin tener que ir al hospital y ser alimentados a través de tubos mientras se funden los ahorros de la familia. ¿Para qué? Incluso suicidarse es un crimen. Nada de esto tiene sentido. Pero vayamos a la práctica. Podrías decir que todo esto te parece bien y que estás de acuerdo, pero cuando te digan que vas a morir intentarás buscar una salida a toda costa y serás presa de una especie de pánico. Este pánico ante la muerte es algo que llevas dentro y que no puedes controlar: tienes un instinto para sobrevivir, y ese instinto despierta cuando entras en este estado de pánico. Bien, ahora vayamos un poco más allá. Aunque te hayan enseñado a hacer todo lo posible para sobrevivir, puede ser también que, aun así, te avergüences de sentir ese pánico y que sientas que es mejor enfrentar la muerte con calma y valentía. Si eres presa del pánico y no hay manera de salir de allí, ésa puede ser otra oportunidad. Del mismo modo que las personas experimentan una percepción nítida en el momento de la muerte porque no pueden hacer nada para evitarla, el pánico puede proporcionar también la misma oportunidad para la iluminación. Sin embargo, si piensas: «Debo controlar el pánico», entonces eso provocará una mayor confusión y más pánico, porque entonces estarás enfrentándote a ti mismo.

Para los predicadores del pasado, la muerte era un tema muy recurrente. Los monjes católicos ponían cráneos humanos encima de sus escritorios, y en la época del Barroco cubrían las lápidas de esculturas maravillosas de esqueletos y huesos. En algunas iglesias en Roma se pueden encontrar también criptas con altares repletos de huesos de monjes difuntos a modo de ornamento. Por otro lado, los budistas tibetanos practican un tipo de meditación en cementerios e incluso utilizan trompetas confeccionadas a partir de huesos humanos y copas hechas de cráneos humanos en los rituales, trabajados de manera espectacular en plata y turquesa. Desde nuestro punto de vista actual, todo esto puede resultarnos bastante morboso. Pero ¿cuál es el problema? ¿Qué nos impide contemplar la muerte de forma habitual como hacen ellos? Podrías justificar entonces que la muerte te da miedo y te provoca escalofríos. De acuerdo. Entonces la muerte no es el problema, sino los escalofríos.

Vamos a analizar ahora los escalofríos de una manera más familiar. No intentes detenerlos ni ignorarlos, porque son muy valiosos. No te salvarán de la muerte, pero puedes aprender de ellos lo mismo que podrías aprender de la muerte.

La presión social para que te resistas al miedo es tremenda. Básicamente, los escalofríos y los miedos no están permitidos aquí. ¿Y en qué se basa este razonamiento? En mi opinión, tenemos esta suposición cultural de que el miedo hace que no podamos actuar bajo presión. Básicamente creemos que si alguien tiene escalofríos no llegará a ser nunca un buen soldado porque se desmoronará bajo la presión del miedo. Pero eso no tiene ningún sentido. Las personas más valientes a menudo suelen ser las más asustadizas, y en ningún caso una acción que implique valentía viene dada como consecuencia de no tener miedo.

Además, otra razón por la que, a mi parecer, suprimimos los escalofríos es debido a su aspecto orgiástico. Las situaciones extremas (como el terror, el dolor extremo, etc.) involucran el mismo tipo de proceso fisiológico oscilante que el orgasmo sexual, y nos da vergüenza básicamente porque la imagen que tenemos de nosotros mismos como seres sosegados y bajo control entra en conflicto. Si vieras una foto de tu cara durante el éxtasis sexual sin ningún tipo de contexto, no sabrías decir si estabas experimentando placer o dolor. Una oleada de vibraciones se apodera de todo tu ser como si te hubiera poseído un dios, y eso es tabú.

Algunos de vosotros pensaréis que nos estamos desviando del tema porque ahora vamos a tratar un asunto que puede resultar incómodo y «perverso», pero allá vamos. Las dos formas primarias de lo que llamamos experiencias perversas son el sadismo y el masoquismo, ambas asocian el dolor con el éxtasis. Incluso si pensamos que tanto una como la otra son patológicas, en realidad es algo bastante común; me estoy refiriendo aquí a situaciones en las que los sádicos y masoquistas se relacionan en armonía y cuya combinación entre ambos es voluntaria y perfecta. Aparece un principio importante aquí: el dolor y el comportamiento convulsivo concomitante del organismo están asociados con el erotismo, y los síntomas adquieren aquí un valor completamente diferente. En la entrega total a esas sensaciones, es posible experimentar una unión con todo el proceso y sentirse uno, y a eso aspiramos todos. El masoquista es aquel que ha aprendido a enfrentar el dolor erotizándolo, aunque se trata simplemente de colocar diferentes valoraciones en una misma vibración.

Todo lo que experimentamos es un espectro de vibraciones: luz, sonido, olfato, sensaciones táctiles, emociones: todo. Vivimos en medio de un tapiz cuyas urdimbres y tramas son todos estos espectros distintos de los diversos tipos de vibraciones que puedan haber. Si no tuvieras una tampoco tendrías la otra, porque se necesitan dos para revelar el patrón. Somos patrones en un sistema de tejido. Si no fuera por el entrelazado de todos estos diversos espectros de las dimensiones, tú y yo no estaríamos aquí. Cuando una vibración alcanza cierto nivel nos parece demasiado, y cuando desciende hasta otro nivel diferente nos parece insuficiente. Uno de los extremos es tan sutil que incluso podríamos quedarnos dormidos, mientras que en el otro parece que todo va a explotar. Si alguien se encuentra en tal estado de tensión que podría ser presa del pánico, lo primero que le diríamos a esa persona es que se relajara y que no se pusiera nerviosa, aunque normalmente decir eso no sirve de mucho. Así pues, si a esa persona le resulta imposible relajarse, lo que sí podría hacer es sumergirse en esa tensión y dejarse llevar en la dirección que oponga menos resistencia: grita, violéntate por dentro, etc. Ya sea hacia un lado o hacia el otro, no importa en qué dirección vayas cuando la barca de la vida comience a tambalearse, aunque también podrías tambalearte con ella en lugar de oponer resistencia.

El éxtasis es inevitable, no importa el camino que elijamos para llegar allí. En cierto modo, el éxtasis es la naturaleza de la existencia y existe un universo por la simple razón de ser extático. ¿De dónde salen si no todos esos fuegos artificiales? Cuando sabes que todo va bien y que la situación terminará en éxtasis inevitable, dejarás de alertarte tanto por todo. Y la pregunta: «¿Y yo qué debería hacer?» desaparecerá como debería haberlo hecho desde un principio, porque, para empezar, nunca ha habido un *yo* real. La pregunta te llevará de nuevo a la experiencia en sí. Cuando algunas personas escuchan este tipo de discurso, inmediatamente empiezan a preocuparse porque piensan que estas ideas nos llevarán a todos a comportarnos de manera insensible e impasible. Yo no puedo aseguraros que no sea así, pero si realmente llegas a experimentar este estado del ser, lo podrás descubrir por ti mismo.

Capítulo 8

Hipnosis y adaptación

Solemos pensar que los niños (más concretamente los bebés) son inferiores a los adultos. Si un adulto mostraba signos de conciencia no selectiva e indiferenciada propias de un bebé, los psicólogos le llamaban a eso «regresión». En realidad, necesitamos esa visión de bebé como base para nuestra visión como adultos, porque sin esa base nos tomaríamos la visión de los adultos (la conciencia selectiva) demasiado en serio. Nos dejaríamos llevar por completo, como si fuéramos un jugador de póker que pierde los nervios porque ha olvidado que es sólo un juego y que, como consecuencia, se convierte en un pésimo jugador. En la vida, todos estamos jugando, aunque lo olvidamos poco a poco con la pérdida de la visión que teníamos cuando éramos bebés. No obstante, lo que realmente necesitamos son ambas formas de ver: ésa es la visión de Buda. Hemos experimentado ambas visiones, y aunque no deberíamos dejarnos engañar por los juegos de los adultos, estamos perfectamente capacitados para jugar a ellos. Simplemente no hay que tomárselos muy en serio.

Si nos preguntamos cómo podríamos recuperar ese punto de vista que teníamos de bebés, no nos estamos haciendo la pregunta correcta, porque ésta surge entera y exclusivamente del punto de vista de un adulto. La manera adulta de ver las cosas piensa que hay un *yo* que existe de manera independiente respecto a todo lo demás, pero esta sensación de un *yo* completamente aislado es una mera convención, no una realidad fundamental. Y mientras no comprendamos esto seguiremos confundidos. La única manera de recuperar la visión de un niño es dándote cuenta de que no hay algo que puedas hacer al respecto; ni si quiera puedes hacer *nada* al respecto. Todas las visiones posibles que provengan del llamado *yo* quedan descartadas. Mientras sigas intentándolo o dejándolo de intentar, seguirás agudizando esa sensación de que existe un ego por separado. Y eso presenta ciertas dificultades, o al menos eso parece.

El ego no es la única ilusión, sino que todo el sistema de valoración que utilizamos para todo también lo es. Todas estas distinciones que hacemos sobre la complejidad de vibraciones que llamamos vida (todas esas valoraciones fabricadas por el juego impuesto por la sociedad) son *maya* (una ilusión). Cuando decimos que algo es bueno o malo o que este suceso es favorable y el otro desfavorable, sólo estamos jugando. Puede ser que pienses que es imposible salir de esta ilusión y que pensar de otra manera sería impensable. Por supuesto que eso es lo que debes pensar, porque el proceso de la hipnosis hace que te olvides de todo y que concibas todas estas reglas que acabas de aprender como sagradas. Hemos sido hipnotizados de esta misma manera desde que fuimos niños con capacidad receptiva.

Es parte de la conspiración en la que estamos involucrados. No podemos culpar a nuestros padres, porque sus padres hicieron lo mismo con ellos. No podemos echarle la culpa al pasado tampoco, porque estamos generando ahora mismo valores que pasarán a ser del pasado sin cuestionarlos por un momento. La psicología se ha asegurado de que los padres y madres estadounidenses se sientan culpables por la forma de criar a sus hijos, pero deberíamos abandonar de una vez por todas la idea de culpar al pasado de cualquier situación en la que nos encontremos ahora. Deberíamos cambiar nuestra manera de pensar y darnos cuenta de que el pasado surge siempre desde el presente; ahora es cuando se está creando la vida. Por ejemplo, cuando perdonas a alguien estás cambiando el significado del pasado; o cuando lees una frase en alemán o latín donde el verbo te está esperando al final y sólo cuando llegas allí entiendes lo que significa la frase. El presente lo que hace es cambiar constantemente el pasado.

Así pues, cuando te dices a ti mismo que es imposible que puedas llegar a adoptar esta manera abierta e indiferenciada de ver las cosas, no te tomes a ti mismo muy en serio. Es simplemente un método para posponer la realización. Puedes seguir aplazándola y no pasará absolutamente nada. Tampoco tienes ninguna razón real ni ninguna obligación por la que debas salir de esta ilusión. Ten en cuenta que los budistas, a diferencia de los occidentales, no tienden a ser misioneros. No hay ninguna urgencia en «salvarte» a menos que así lo desees o que estés tan perturbado por la problemática del sufrimiento que necesites encontrar una vía de escape. De lo contrario, no hay prisa; hay mucho tiempo. Tal vez te des cuenta de todo cuando mueras, y quizás en ese momento de tu muerte veas que todo fue una farsa. Así que no te desanimes ni te atemorices si te cuesta ver a través de la ilusión, porque eso no es más que una distracción bastante irrelevante.

Los maestros te dirán que para despertar necesitas tiempo (mucho tiempo) y sobre todo mucha práctica. Puede que llegues a despertar o puede que no; realmente ése no es el objetivo, aunque sí puede ser una distracción. Si te recomiendo un libro y te digo que es dificilísimo de leer y que necesitarás años para terminarlo y un inmenso poder de concentración, eso sólo hará que pierdas todo el interés por el libro. Debería decirte algo así como: «Este libro es extraordinario, es simplemente fascinante. Lo he estado leyendo durante años, y cada vez que me pongo a leerlo me absorbe tanto que no puedo dejarlo». ¿No es más alentador así?

Si podemos llegar a comprender que el ego es puramente ficticio (que es simplemente una imagen de nosotros mismos ligada a una sensación de tensión muscular producida cuando intentamos que esta imagen sea un agente eficaz que controle las emociones y dirija las operaciones nerviosas de nuestro organismo), entonces queda claro que aquello a lo que llamamos *nosotros* no es capaz de hacer absolutamente nada. Al darnos cuenta de eso, se produce una especie de silencio y lo único que podemos hacer es observar lo que está sucediendo. Pero lo que está sucediendo se mira a sí mismo. No hay nadie más que él mirándose.

¿Y qué pasa con las otras ilusiones? Aunque venga integrado en la ilusión del ego, todo nuestro sistema de valores (lo importante, lo bueno, lo malo, lo agradable, lo doloroso, etc.) es cuestionable, y no para destruir el sistema, sino para verlo tal y como es. Una vez más, podrías oponerte y pensar que ver más allá de estas valoraciones es muy complicado para ti, básicamente porque te has habituado a ellas durante toda tu vida, y cuanto más tiempo te habitúas a algo, más difícil te resulta a cambiarlo. Eso es cierto si piensas que es así, pero deja de serlo cuando dejas de pensar así.

El zen enfatiza la acción inmediata. Cuando hay algo que debe hacerse, debe hacerse de inmediato sin tener que pensarlo con antelación. Te darás cuenta de que ésta es una característica de las personas que han sido instruidas en el zen: no se sientan y se ponen a debatir con ellos mismos sobre cómo hacer algo, ellos simplemente lo hacen. De modo que, en vez de preguntarte si deberías o no cuestionar todo tu sistema de valores antes de hacer algo, no te lo preguntes, simplemente hazlo. Es posible que tengas por costumbre comerte un sándwich de lomo cada día para almorzar, pero en cualquier momento puedes optar por probar uno de salmón ahumado; no tienes por qué darle muchas vueltas, simplemente cómete un sándwich diferente.

Nos hemos visto condicionados al evaluar este compuesto de vibraciones como buenas, malas, agradables, dolorosas, etc., pero en realidad, no son más que vibraciones. Es decir, si intentamos identificar cualquiera de ellas por sí misma no vamos a poder. Si sólo sabes que existe el color rojo, no sabes que es rojo; sólo lo sabrás por su contraste con el amarillo, el verde, el azul y el violeta. No sabrás que un sonido en particular está haciendo ruido a menos que estés familiarizado con sonidos suaves. Estas comparaciones nos dan la sensación de que el espectro varía, y si no fuera por ellas no podríamos conocerlas. Así pues, podemos observar que todos los valores que conferimos a estas vibraciones son arbitrarios, ya que en realidad no son más que vibraciones. Ahora bien, si crees que nada de esto tiene sentido estarás en lo cierto, pero así es como funciona el universo. Hay música que carece de sentido, y aunque realmente no signifique nada nos puede parecer muy interesante. De pequeño solías disfrutar con las cosas más absurdas; por ejemplo, el rebotar de un muelle haciendo *boing, boing, boing*. ¡Era increíble! No significa nada, sólo hacía *boing*. Si realmente te adentras en ese rebotar, podrás ver que todo el universo rebota, porque cada vibración implica todas las demás.

Las vibraciones son fascinantes; despiertan en nosotros un interés tan grande que estamos dispuestos a correr todo tipo de riesgos para experimentarlas. Los niños siempre se retan entre ellos para ver quién se atreve a hacer aquello prohibido, porque el riesgo de que pueda ocurrir algo o de que los riñan hace que el juego sea más emocionante. Por la misma razón, los adultos desafían la muerte con todo tipo de actividades increíblemente peligrosas como es el paracaidismo, por ejemplo, porque eso les proporciona una vibración extremadamente adictiva. ¿Por qué tantas ansias de velocidad y de todo este tipo de cosas? Sólo puedes experimentar esa sensación si llegas a estar cerca de una vibración. Por ejemplo, si repites un mantra, una frase o tu propio nombre una y otra vez, al cabo de un rato pierde el sentido y se convierte en un mero ruido. Pero el sonido no es únicamente ruido, ésa es sólo una actitud que tenemos los adultos sobre dicha experiencia. Un niño no escucha *boing* y piensa: «Bueno, es sólo ruido»; un niño entiende que el sonido es simplemente fantástico.

El mundo entero es energía en movimiento, como si fuera un caleidoscopio de mil colores. Puedes adentrarte realmente en él, prestar atención a una cierta vibración y darte cuenta de que en eso consiste estar vivo. Pero a los demás no les parecerá bien. Los árbitros del juego te acusarán de estar haciendo algo muy peligroso o te tomarán por loco. En los textos teológicos se vislumbra el temor ante un universo que no tuviera sentido, y ese miedo impregna nuestra cultura, pero sólo porque la gente no se ha atrevido aún a mirar. Aquellas personas con depresión severa perciben el mundo como un sinsentido o, aún peor, como una conspiración terrorífica, por ejemplo. Si crees que todo es mecánico (que somos básicamente ordenadores de carne y hueso que formamos parte de un gran mecanismo de relojería), tendrás esa sensación de que el mundo es de plástico, insípido y hueco. Pero eso sigue siendo sólo una valoración. Si crees que el mundo es así, estás devaluando lo mecánico y alabando lo orgánico, del mismo modo que no podemos disfrutar de una flor de plástico porque no desprende olor. No obstante, el mundo no es ni orgánico ni mecánico, ni voluntario ni involuntario; es simplemente lo que es, más allá de las categorías de nuestra conciencia contrastiva y selectiva. Si podemos llegar a concebirlo así, podemos experimentar lo que los budistas llaman talidad o tathātā, basado en la palabra *that* «eso» en inglés). Eso, eso y eso. Eso es lo que está sucediendo.

En algunos estados meditativos puedes llegar a percibirlo todo como *eso*. Sin embargo, no lo calificas inmediatamente como absurdo porque, si percibes el mundo como una ilusión, puedes decidir tomártelo igualmente muy en serio y a la vez y muy en el fondo ser consciente de que es sólo un juego. Entonces puedes involucrarte en la vida a un alto nivel porque sabes que todo irá bien y que sólo son vibraciones. Por eso los iluminados (incluso los bodhisattvas) no se muestran distantes ni indiferentes; ellos son perfectamente libres para disfrutar y sufrir emociones y apegos. R. H. Blyth, un gran hombre zen, me escribió una vez, «¿Cómo te va todo? En cuanto a mí, he abandonado el *satori* por completo y estoy intentando crear vínculos lo más fuertes posible con tantas personas y cosas como pueda». Por lo tanto, aunque uno normalmente se aproxima a la vida con cautela, esta manera de ver el mundo hace que te involucres en ella mucho más para sentir, amar y dejarte llevar a por todas estas experiencias. La misma percepción de la ilusión te permite estar a la altura de una ilusión.

Si ves a alguien con actitud distante y reservada hacia la vida, es simplemente porque le da miedo involucrarse. Yo no termino de entenderlo muy bien. ¿Qué espera la gente? ¿Que una persona iluminada no necesite ni esto, ni eso ni lo otro? ¿Que no pueda apreciar la belleza o la atracción sexual? Al parecer, algunas personas espirituales quieren eliminarlo todo, como si quisieran hacer limpieza del planeta erradicando esta enfermedad llamada vida para así poder disfrutar de una roca pulida y limpia. Yo más bien creo todo lo contrario. Si vamos a ser partícipes de este baile ilusorio tendremos que estar a la altura. ¡Dejemos de tomarnos a nosotros mismos tan en serio! No tenemos por qué deshacernos de toda esta ornamentación y frivolidad.

Todo depende de si podemos volver a ese punto de inflexión a través de la meditación. Pero no me malinterpretéis, no pretendo quedarme aquí expectante día tras día para ver si tu conciencia mejora. La meditación no funciona así; uno simplemente medita. A medida que pase el tiempo, al final serás capaz de ver el mundo. En la consciencia meditativa te darás cuenta de que no hay nada que sea más importante que lo demás. Y no hay nada mejor que perder el tiempo, porque ¿para qué existe el tiempo si no? Limítate a sentarte sin hacer nada. La meditación es una manera perfecta de perder el tiempo.

Capítulo 9

Disolución armoniosa

Vayamos al tema que realmente nos ocupa: el universo es un sistema transitorio (como una burbuja, el humo o la espuma en el agua) que va y viene y desaparece. Pero nosotros no queremos eso, no queremos dejar de vivir y aceptar esa disolución. Sin embargo, ¿qué vamos a conseguir aferrándonos y resistiéndonos? No te estoy sermoneando para que renuncies a nada, pero me gustaría que conectaras con aquello que sientes dentro cuando contemplas la posibilidad de la nada; al fin y al cabo, todo esto no es más que una burbuja que se disuelve. En general, cuando las personas piensan en la muerte se vuelven distantes, solitarias o asustadizas, porque para ellos la muerte es algo desconocido. Y lo más aterrador de la muerte es que podría haber algo más allá y no sabemos el qué.

Para los niños y para algunos adultos, el mundo es un lugar lleno de peligros. Hay monstruos en todas partes, y detrás de cada monstruo se encuentra la muerte: la desintegración es el final de todo. En general, los gobiernos llenan ese temido vacío más allá de la muerte con amenazas de una naturaleza desconocida para así poder mantener el control, porque mientras tengamos miedo de esas amenazas y pensemos que la muerte es algo malo, nos podrán gobernar. Por eso a ningún gobierno le gusta la gente mística, porque los místicos saben que para tener algo primero deberías no tener nada. Los místicos no le temen a la muerte, por lo que no pueden asustarlos.

¿A qué le tememos tanto? ¿Cómo te imaginas que sería ir a dormir y no despertar nunca más? No puede ser lo mismo que estar enterrado vivo o quedarse a oscuras para siempre, porque para ello deberíamos haber experimentado antes la oscuridad.

Hace poco tuve una charla muy interesante con una chica joven que había nacido ciega. Ella no sabía lo que era la oscuridad y para ella esa palabra no tenía ningún sentido porque nunca había visto la luz. ¿Puedes ver la oscuridad detrás de tus ojos? Detrás de tu campo visual no puedes ver ni oscuridad ni luz; simplemente no hay nada concebible. Así que podríamos considerar ese vacío que llamamos muerte como lo que yace detrás de nuestros ojos. Por eso es algo que no podemos pensar.

Imaginemos que tu vida (tu vitalidad y tu condición de ser) es simplemente una experiencia repentina. Empieza siendo nada y termina siendo nada. Eso es lo más simple en lo que uno puede llegar a creer, porque realmente no requiere ningún esfuerzo intelectual. Y bien, ¿qué te parece la idea? Supongamos que sientes pena. ¿Hacia quién sientes esa tristeza? Cuando todo termine, ¿quién estará allí para lamentarse? Cuando todo llegue a su fin, nadie estará allí para sentir pesar, arrepentimiento o felicidad: todo habrá terminado sin más. Ahora mirémoslo desde otro punto de vista: supongamos que todo esto nunca acaba, que estás atrapado aquí sintiendo tristeza, arrepentimiento, felicidad y miseria una y otra vez indefinidamente. Deprime bastante pensar de esta manera, ¿verdad? Entonces, ¿por qué no llegamos a un punto medio? Imagínate que todo desaparece por completo para luego volver a empezar, y cuando todo empieza de nuevo, sientes lo mismo que estás sintiendo ahora, como si fuera la primera vez que experimentas la vida. Según el pensamiento hindú, el universo existe durante 4.320.000 años y luego desaparece; después vuelve a reiniciarse y funciona durante otros 4.320.000 años para luego volver a desaparecer. Y así, este ciclo sin fin se repite una y otra vez, pero como se nos olvida, no se nos hace una bola de nieve insoportable. Entre cada cresta de una ola hay una depresión. Los hindúes lo percibieron y consideraron la experiencia de *moksha:* la liberación del ciclo eterno de aparecer y desaparecer. Luego Buda llegó y enseñó su forma particular de salir del *samsara* (la rueda del nacer y morir), pero luego vinieron otros y dijeron: «¿Esto no es ser bastante egoísta? Vosotros podéis salir, pero ¿y los demás, qué?». Entonces Buda enseñó cómo poder volver de nuevo y así ayudar a todos los demás de una manera muy sofisticada: el nirvana y el *samsara* iban de la mano y el uno implicaba el otro. Así pues, sólo podrás liberarte de verdad cuando entiendas que el nirvana, el nacimiento y la muerte son lo mismo.

Cada vez que ocurre una encarnación la sentimos como si fuera la que estamos viviendo en *este* momento. Podríamos reencarnarnos en un universo diferente como seres de una especie y forma completamente diferente y esa forma que tendríamos nos seguiría pareciendo normal: ésa sería la forma que nos haría sentir como nos sentimos ahora siendo humanos. Estamos acostumbrados a esta forma, por lo que nos parece normal. Si fuéramos arañas miraríamos a otras arañas y pensaríamos que son normales, pero todas las otras criaturas nos parecerían fuera de lo normal. Imagínate cómo nos ve un pez a nosotros: como seres torpes, engorrosos y estúpidos, sobre todo cuando intentamos nadar. Así pues, cada mundo en el que nazcas o en el que puedes existir te producirá la misma sensación que te produce este mundo en el que estás ahora, y en cada reencarnación, por más extraña que pueda parecer la forma que tengas, te sentirás tal y como te sientes en esta encarnación de ahora.

Toda forma de vida posee algún tipo de conciencia de que existen fuerzas superiores e inferiores. Los humanos en general no somos conscientes de las especies que están por encima de nosotros, a menos que pensemos que podemos establecer vínculos con los ángeles o algo por el estilo. Aquello que nos parece superior a nosotros son los grandes desastres naturales como los terremotos o pequeños organismos como los virus, aunque no les atribuimos mucha inteligencia a ninguno de los dos. En cualquier caso, sentimos que estamos en el medio. Es decir, cuando miramos a través de un telescopio consideramos que los reinos cósmicos son infinitamente más grandes que nosotros, pero cuando miramos a través de un microscopio observamos mundos infinitamente más pequeños, y parece que nosotros estemos en algún lugar intermedio. Pero no estamos más en el medio que cualquier otra criatura. Cualquier ser con percepción siempre se percibirá a sí mismo de algún modo como algo que está en el medio. Todo lo que crece en cualquier sitio está siempre en el medio, y en el medio siempre hay extremos: al oeste y al este; el lado superior y el lado inferior; el comienzo y el final.

Así pues, si te encuentras en un estado que consideras la *realidad* o la *vida* y eres consciente de ello, esto implica *ilusión, irrealidad* y *muerte*. No puede existir uno sin el otro. La vida no es vida sin la muerte, y saber que llegará a su fin hace que sea emotiva y animada. Gracias a esa animación puede haber cambios y movimientos.

Las únicas veces que realmente sientes que algo cambia en tu vida ocurren en los momentos de transición: cuando las cosas empiezan a mejorar te sientes bien, y cuando las cosas empeoran te decepcionas y te pones triste y puedes seguir deprimiéndote hasta morir. Parece todo muy definitivo, irrevocable y permanente, pero ¿y esa «nada» que había antes de que viniéramos al mundo? Eso es lo que excluimos de nuestra lógica. Nos hemos engañado a nosotros mismos atribuyéndole impotencia a la nada, pero del mismo modo que no podemos conocer una forma sin su contexto, no podemos concebir tampoco algo (en este caso la vida) sin la nada. Ya conoces el refrán: «Con la muerte todo se acaba». Las personas que lo inventaron son aquellas que quieren gobernar el mundo; quieren asustarte con la idea de que la muerte es definitiva y que creer en cualquier otra cosa es hacerse falsas ilusiones. Te dirán que te remitas a los hechos. ¿Qué hechos? ¿Cómo puedo remitirme al hecho de la «nada» que, por definición, no es un hecho? Aquellas personas que argumentan que la realidad básica de todo esto es la nada (los físicos que piensan que la energía del universo se está agotando y disipando gradualmente, por ejemplo) ignoran el hecho de que todo esto proviene de la nada.

El sexto patriarca del zen (llamado Huineng o conocido también como Dajian) decía que la esencia de nuestra mente es intrínsecamente pura. No en el sentido de estar limpia, sino en el de estar *clara* y *vacía*. También decía que el vacío no está en blanco, sino que está completamente lleno, del mismo modo que el vacío del espacio está lleno de todo el universo: estrellas, lunas, montañas, ríos, buenas personas, gente perversa, animales, insectos, etc. A partir de este vacío se origina todo, y tú formas parte de él. De lo contrario, ¿qué otra cosa podrías ser?

Lo que estoy intentando decir es que todo este miedo hacia la nada es básicamente un engaño. En la espiritualidad deberíamos estar hablando de la nada, pero la gente prefiere ignorar este concepto o directamente no tratar el tema. Pero ahí reside el secreto de todo; los secretos siempre están en ese lugar donde nadie busca. Dónde nació Cristo el Rey, ¿en un palacio? No. Nació donde nadie hubiera pensado que podría nacer: en un establo. Deberías meditar sobre la nada. Sé que es difícil pensar en ella, pero es más fácil si recuerdas que la nada es lo que eres y lo que eras antes de nacer. Este punto es extremadamente importante y es la clave de todo.

Si le dices esto a la gente, probablemente empezarán a discutirte en seguida. «En esta filosofía del vacío –dirán–, no hay ningún motivo para amar a otras personas, ni para estar alegres, ni para hacer algo productivo con tu vida», y así uno tras otro. Bobadas. Si realmente exploras la nada, te llenarás de energía y no habrá nada que pueda detenerte, y si es así serás capaz de hacer esto, aquello y lo otro con alegría y siendo totalmente creativo. La creatividad surge a partir de la nada, pero una nada *real* (no una especie de oscuridad parecida a ser enterrado vivo para siempre). ¿Qué es la nada? La nada va más allá de la imaginación que acabaría agotándose si tratara de concebirla.

Sobre esto precisamente es sobre lo que han estado hablando los místicos a lo largo de la historia. *La nube del desconocimiento*, escrita en el siglo XIV por un monje inglés, se basaba en un texto anterior llamado *De Theologia Mysticay* escrito por un monje sirio del siglo VI que se hacía llamar Dionisio el Areopagita. En este libro corto y fascinante, que traduje en 1943, se describía a Dios de forma totalmente negativa (ni luz, ni poder, ni espíritu, ni padre, ni esto, ni eso, ni lo otro) y en el que, básicamente, el autor negaba cualquier atributo que se le hubiera podido conceder a Dios porque Dios es infinito y está, por lo tanto, más allá del alcance de toda concepción. «Cualquiera que piense que ha visto a Dios a través de una visión, en realidad no lo habrá visto a él, sino a una criatura creada por Dios y que, por lo tanto, sería inferior a él», escribió, exponiendo esa idea de tal manera que incluso santo Tomás de Aquino la dio por válida. Todo el mundo debería estar de acuerdo con que Dios solamente hay uno, y eso es precisamente lo que Dionisio el Areopagita nos quería transmitir.

Si afirmas la idea de que existe un dios tangible no vas a poder argumentar mucho más y con eso no obtendrás todo el beneficio que podrías obtener con esta disertación. Si insistes en que hay algo allí (un padre afectuoso al final del camino o algún tipo de jardín paradisíaco), en realidad te estás engañando a ti mismo. Deberías explorar a fondo el vacío o la nada absoluta, y de eso trata todo este proyecto Zen, Vedanta, el misticismo y todas esas cosas. Sinceramente, creo que esto es lo más simple que podrías hacer.

CUARTA PARTE

EL MUNDO
TAL COMO ES

Capítulo 10

El *koan* del zen

as conferencias sobre zen son una especie de farsa. El zen se especializa en el dominio de una cierta experiencia que va más allá del discurso racional. De hecho, en relación a este tema no se puede hablar sobre absolutamente nada. El arte de la poesía consiste en decir lo que no se puede decir, y por eso todos los poetas tienen siempre esa sensación de estar dejándose algo esencial en el tintero.

Por esa razón, el zen siempre se describe a sí mismo como el dedo que apunta a la luna. En la expresión en sánscrito *tat tvam asi* («eso eres tú»), el zen se refiere a sí mismo como «eso». *Ésa* es la palabra que se utiliza para el Brahman (la realidad absoluta en la filosofía hindú) y eso es lo que eres tú, aunque disfrazado de tal forma que incluso tú mismo lo has olvidado. El zen se sirve de estas ideas abstractas (el Brahman, la realidad definitiva, el fundamento definitivo del ser, el gran ser, el vacío, etc.) para enseñar una forma mucho más directa de poder entender «eso». Éstas son cuatro frases clave que podríamos utilizar para describir el zen: transmisión directa (más allá de las escrituras y la tradición), más allá del lenguaje, directamente hacia la mente y percatarse de tu propia naturaleza y la conversión en Buda (despertar de esta hipnosis que nos tiene prácticamente a todos vagando como sonámbulos).

¿Por qué hay tanto interés por el zen? Me lo he preguntado muchas veces, especialmente porque gran parte de este interés en Estados Unidos vino después de la guerra con Japón. En primer lugar, creo que el principal atractivo del zen radica en su inusual naturaleza humorística, porque normalmente las religiones no suelen tener ningún toque humorístico.

Por lo general son bastante serias. Pero cuando uno contempla el arte zen o lee las historias zen, resulta evidente que algo está ocurriendo allí y no es precisamente muy serio, en el sentido más común de la palabra, aunque puede ser bastante sincero. En segundo lugar, otro atractivo para los occidentales es muy probablemente el hecho de que el zen no tiene doctrinas (no hay nada en lo que tengas que creer) y tampoco te moraliza demasiado. El zen no está particularmente preocupado por la moral en absoluto; es un campo de investigación como la física, y no esperarías que un físico fuera una autoridad en moralidad. Vas al oftalmólogo para que te revisen la vista, ¿verdad? Pues el zen es como una oftalmología, pero espiritual.

Otra razón por la que el zen atrae a los estudiantes occidentales se debe a que gran parte de su conocimiento sobre el zen lo han adquirido a través de D. T. Suzuki, R. H. Blyth y de mí, y todos nosotros presentamos el zen en su forma *chán*, en concreto aquella que floreció en China entre los años 700 y 1000 e. c. Ése difiere mucho del tipo de zen que podrías encontrar hoy en día en Japón, que hace de estudiar zen sentado un gran fetiche. R. H. Blyth le preguntó a un maestro zen que qué haría si sólo le quedara media hora de vida. ¿Escuchar música? ¿Emborracharse? ¿Dar un paseo? ¿Disfrutar de la compañía de una mujer hermosa? El maestro sólo respondió: «*Zazen*», es decir, la «meditación sentado». Esta respuesta no terminó de convencer a R. H. Blyth porque le pareció, como a mí, que sentarse sólo es una forma de practicar el zen. El budismo hace referencia a las cuatro dignidades de las personas (caminar, estar de pie, sentarse y estirarse), por lo que también debe haber un zen caminante, un zen de pie y un zen estirado. Por ejemplo, deberías practicar también la forma zen para dormir, lo que significa dormir profundamente. Esto puede recordar a una antigua frase occidental: «Sea lo que sea que hagas, hazlo con todas tus fuerzas»; pero eso no es lo mismo que el zen.

Paul Reps, el autor de un libro encantador llamado *Zen Telegrams*, una vez le pidió a un maestro zen que resumiera el budismo en una frase. El maestro le respondió: «Actúa sin actuar». Eso no hizo más que deleitar a Reps, porque esa respuesta se parecía mucho al principio taoísta del *wu wei:* actuar en consonancia con el mundo y ser consciente de que tus acciones no son una interferencia, sino una expresión del universo. Pero el maestro hablaba poquísimo inglés, por lo que Reps lo malinterpretó. De hecho, lo que dijo fue: «Actúa sin hacer el *mal*». Éste es el tipo de actitud que *todo* clérigo desarrolla a lo largo de los siglos; vas a la iglesia y el sermón se reduce a: *sé bueno.* Todos saben que deberían ser buenos, pero casi nadie sabe cómo ni incluso lo que significa realmente «ser bueno».

Así pues, parte de la fascinación que despierta el zen en Occidente se debe a su visión repentina de algo que siempre hemos supuesto que llevaría años y años hasta lograr comprenderse: los psicoanalistas te dirán que puedes enderezarte sólo tras incontables sesiones, quizás hasta dos veces por semana durante varios años; los cristianos te dirán que si te embarcas en un camino de disciplina espiritual y te sometes a la voluntad de Dios, podrás alcanzar las etapas más elevadas de la oración contemplativa, pero sólo después de muchos años; y los budistas te dirán que después de interminables años de meditación y disciplina severa, como habrás progresado lo suficiente en esta vida podrás optar a una vida mejor en la próxima (tal vez como monje) y eso te llevará a los estados preliminares de la budeidad, aunque es probable que necesites reencarnarte varias veces hasta poder llegar allí. Pero éste no es el caso del zen.

La literatura zen está repleta de diálogos (*mondo* en japonés) entre maestros y discípulos zen. Le di una copia de uno de estos libros, el *Mumonkan* («la barrera sin puerta» o «la puerta sin puerta») a un amigo mío y me dijo: «No he entendido ni una sola palabra, ¡pero me ha transmitido mucha alegría!». Estos diálogos entre maestros y discípulos son fascinantemente incomprensibles y la mayoría termina cuando el discípulo comprende el verdadero significado de la pregunta. Hablo de «discípulos» en lugar de «monjes» porque en el zen normalmente no hacen votos monásticos de por vida con respecto a la pobreza, la castidad, la obediencia, etc.; eres más como un estudiante en un seminario teológico que se queda por un tiempo determinado y normalmente se va, a veces a emprender una vida laica o a convertirse en sacerdote de un templo. De todos modos, sí que está permitido casarse, tener una familia, etc. Sólo unos pocos graduados de un monasterio zen se convierten en *roshis,* que significa «viejos maestros» y son aquellos que se ocupan del desarrollo espiritual de los discípulos. Uno de los discípulos en el *Mumonkan* se quejaba al *roshi* de que, a pesar de haber estado en el monasterio por un tiempo, aún no había recibido instrucciones. El maestro entonces le preguntó: «¿Has desayunado?», a lo que el discípulo asintió; «Pues ve a lavarte la taza». Y con eso el discípulo despertó.

Puede que ahora pienses que la moraleja de esta historia es hacer el trabajo que tengas más a mano o que el cuenco simboliza el vacío; o que debido a que los monásticos zen lavaban su tazón de té inmediatamente (y por iniciativa propia) después de comer, el maestro le decía algo así como, «No bañes el lirio en oro», o para usar una frase zen, «No le pongas piernas a la serpiente». Pero el significado de toda esta historia es mucho más simple, y por eso resulta complicado. Estas historias vistas así parecen chistes: un chiste es algo que te hace reír, y si pillas el chiste te ríes espontáneamente. Sin embargo, si tienen que explicártelo pierde la gracia y ya no te ríes tanto, o a lo mejor finges una pequeña risa. Estas historias ilustran una visión repentina de la naturaleza del ser, es decir, aquello que no se puede fingir.

En otra historia, un maestro llamado Baijang tuvo que elegir entre sus discípulos a un nuevo maestro para dirigir un monasterio en particular, por lo que les hizo pasar una prueba. Lo que hizo fue colocar un cuadro delante de uno de ellos y decir: «Defíneme esto sin hacer ninguna afirmación o negación», a lo que el monje experimentado respondió: «No se podría llamar a esto una pieza de madera». Pero Baijang no dio esa respuesta como válida. Luego apareció el cocinero, dio una patada al cuadro y se marchó. Baijang encontró así al nuevo maestro, aunque en el comentario del libro ponía lo siguiente: «Al fin y al cabo, renunciando a un trabajo fácil para desempeñar uno difícil, el cocinero no demostró ser tan inteligente como creíamos».

He aquí otra historia famosa en la que un maestro dice: «Cuando era joven y no sabía nada sobre el budismo, las montañas eran montañas y los ríos eran ríos. Luego, cuando empecé a entender un poco sobre budismo, las montañas dejaron de ser montañas y los ríos dejaron de ser ríos, y cuando finalmente entendí completamente el budismo, las montañas eran montañas y los ríos eran ríos». En otras palabras, si nos ponemos a explicar las cosas (científica o filosóficamente, por ejemplo) empezamos a concebirlas por separado y causativamente, pero si las observamos un poco más a fondo, nos damos cuenta de que no hay nada que vaya por separado. La separación es una ilusión, y eso es lo que nos ilustra directamente esta historia. El zen habla sobre una virtud llamada *mushin* (que significa «sin mente») o *mumen* («sin pensamiento»), pero eso no significa que estar más allá de cualquier pensamiento te haga virtuoso; se refiere a que no deberías dejarte engañar por los pensamientos ni dejarte hipnotizar por las formas del discurso o por imágenes que colocamos en el mundo, como tampoco confundir los pensamientos con el propio mundo. Hay una historia que habla sobre el encuentro de Bodhidharma con el emperador chino Wu de Liang. El emperador, un gran mecenas del budismo, anunció a Bodhidharma: «Hemos construido muchos monasterios, hemos ordenado a innumerables monjes y monjas y hemos traducido las sagradas escrituras al chino. ¿Qué mérito tiene todo eso?». A lo que Bodhidharma le respondió: «No tiene ningún mérito». Eso supuso una verdadera conmoción para el emperador, porque, según el budismo, tales acciones brindan un mérito extraordinario, lo que favorece un mejor renacimiento y posteriormente la liberación final. El emperador le preguntó a Bodhidharma: «Entonces, ¿cuál es el principio más importante del sagrado dharma?», y Bodhidharma respondió: «El inmenso vacío, nada sagrado» o «En la inmensidad del vacío no hay nada sagrado». Desconcertado de nuevo, el emperador le preguntó: «Pero entonces, ¿quién es superior a nosotros?». Bodhidharma le respondió: «No lo sé». Hay un poema bastante conocido que hace referencia justamente a esto: «Arrancando las flores que atraían a las mariposas, Bodhidharma dijo: «No lo sé»». Y aquí otro: «Si te preguntas de dónde vienen las flores, ni el Dios de la primavera sabría responderte».

Por lo tanto, cualquiera que diga que sabe lo que es el zen es un farsante. Nadie lo sabe, del mismo modo que tú no sabes quién eres. Tienes un nombre, logros, certificados y todo lo que tus amigos dicen de ti, pero sabes muy bien que ése no eres tú. Intentar saber quién eres es lo mismo que intentar olerte tu propia nariz. Y aquellas personas que leen sobre el zen en Occidente tienen esta sensación de que tal vez el gran entendimiento está delante sus narices. Es como colocar un objeto cualquiera en una habitación llena de gente, como un globo en el techo, por ejemplo; las personas entrarán en la habitación sin percatarse de que hay un globo. El zen es exactamente igual, es muy obvio. Un estudiante le preguntó al maestro Bokuju: «Tenemos que vestirnos y comer todos los días, ¿cómo podríamos deshacernos de eso?», en otras palabras, cómo podríamos salir de nuestra rutina, a lo que Bokuju respondió: «Nos vestimos y comemos». El estudiante respondió: «No lo entiendo», y entonces Bokuju dijo: «Si no lo entiendes, ponte la ropa y cómete la comida». Un monje le preguntó a Joshu: «¿Cuál es el camino?» (el Tao en chino), y Joshu respondió: «Tu mente cotidiana es el camino». «¿Cómo puedo ponerme de acuerdo con ella?», preguntó el monje, a lo que Joshu respondió: «Cuando intentas ponerte de acuerdo con ella es cuando te extravías». Todas estas historias están conectadas entre ellas, y me gustaría que comprendieras esa conexión de forma intuitiva.

Después de exponer todos estos fuegos artificiales, permíteme explicarte algunas cosas más serias sobre el zen como fenómeno histórico. El zen es una subdivisión del budismo mahayana, una escuela cuyo objetivo es alcanzar la naturaleza búdica en este mundo, es decir, sin tener que renunciar a la vida familiar y yendo a meditar a solas en las montañas. En otras palabras, el zen proviene de un estilo budista que no concibe la vida cotidiana como un enredo, sino que acepta que uno pueda convertirse en Buda a mitad de su vida. Así pues, la gran personalidad en el budismo mahayana es el bodhisattva, aquel que ya ha alcanzado el nirvana, pero que decide volver una y otra vez a la vida bajo diversas formas para ayudar a los demás. El arte zen a veces presenta a los bodhisattvas como prostitutas o vagabundos: por ejemplo, el famoso vagabundo Hotei (Pu-Tai en chino), que es extremadamente gordo, se muestra en una pintura de Sengai enderezándose y bostezando mientras se despierta y dice: «Buda está muerto. Maitreya (el próximo Buda) aún no ha llegado. He dormido plácidamente y ni siquiera he soñado con Confucio».

Así pues, tenemos que el zen es el budismo mahayana hindú traducido al chino, lo que significa que está profundamente influenciado por el taoísmo y el confucianismo. Los orígenes del zen se remontan alrededor del año 414 e. c. cuando Kumarajiva, un gran erudito hindú, se propuso dirigir la traducción de los sutras budistas al chino. Kumarajiva y su equipo de traductores promovieron la iluminación como un suceso repentino; es decir, el despertar ocurre instantáneamente como un suceso de todo o nada. Como en esta analogía, cuando el fondo del cubo se desprende, se desprende toda el agua.

Bodhidharma, el primer patriarca zen, llegó a China más tarde. El segundo patriarca, llamado Eka, fue un general del ejército retirado. Sosan fue el tercer patriarca y el autor del *Hsin-Hsin Ming*, un maravilloso resumen del budismo en verso. Luego vino Doshin, quien, según dicen, alcanzó la iluminación con tan sólo catorce años, y luego Konin, quien desarrolló de principio a fin las enseñanzas de la Montaña del Este. Finalmente llegó el sexto patriarca, Eno (más conocido por su nombre chino Huineng), considerado como el verdadero fundador del zen chino, el hombre que lo sintetizó todo y el maestro que realmente fusionó el zen con las costumbres chinas.

Huineng escribió el sutra de la Plataforma, un sutra que cualquier estudiante zen debería leer, y pronunció también una frase muy famosa: «No creas que vas a lograr la Budeidad sentándote todo el día con la mente en blanco». Eso era lo que los discípulos de aquella época creían; estaban convencidos de que la mejor forma de contemplar consistía en permanecer lo más quieto posible. Sin embargo, y de acuerdo a las enseñanzas, actuar de esa manera te convierte en un Buda de piedra y no en un ser vivo. A un Buda de piedra le puedes golpear en la cabeza con una roca o hacerle pedazos, que seguirá sin sentir absolutamente nada, y ése no es el objetivo. Aquellas personas que piensan que para despertar es necesario actuar sin corazón y prescindir de los sentimientos (hasta tal punto de no poder ni desquiciarte ni sentirte molesto o deprimido), no lo han comprendido bien. Eno (es decir, Huineng) decía lo siguiente: «Si ése es tu ideal de iluminación, bien podrías ser un trozo de madera o un bloque de piedra».

Lo que esto significa es que tu mente real es imperturbable. Cuando agitas tu mano en el aire no dejas ni una sola huella, y cuando el agua refleja la imagen de los gansos, el reflejo no se cristaliza para siempre. Por lo tanto, para conseguir una mente pura en el zen (aunque «mente clara» sería una mejor traducción), tu mente no debe aferrarse a nada. Simplemente fluyes con la vida sin guardar rencores ni quedarte atrapado en el pasado. La vida fluye constantemente (ése es el Tao), y tú, quieras o no, fluirás con ella. Somos como personas en una corriente que podemos nadar a contracorriente si queremos, pero con eso sólo conseguiremos agotarnos mientras el agua nos empujará de todos modos hacia delante. Sin embargo, si nadamos en la misma dirección que la corriente, estaremos nadando con toda su fuerza. Por supuesto, lo difícil para muchos de nosotros es descubrir hacia dónde va la corriente.

Eno murió en 713 e. c., dejando atrás a cinco grandes discípulos que difundieron esas mismas enseñanzas. Pero a medida que el tiempo pasaba, esos cinco discípulos tuvieron sus propios discípulos, y esos discípulos tuvieron también sus discípulos, y así sucesivamente, y eso originó en el zen las llamas «escuelas» (algunas desaparecieron y otras siguen abiertas a día de hoy). Actualmente hay dos formas de zen: el rinzai y el soto, cada uno con un énfasis diferente. La escuela soto se caracterizan por tener un enfoque más sosegado, mientras que en la escuela Rinzai son más audaces, y son mayoritariamente los rinzai los que utilizan la práctica del *kōan*.

El período comprendido entre la muerte de Eno y el 1000 e. c. es considerado como la edad de oro del zen. Tras este período, el zen fue debilitándose en China y se combinó con la alquimia taoísta y otras formas de budismo, más concretamente aquellas que acentuaban los *siddhis* (poderes sobrenaturales). Pero eso se aleja completamente de la visión del zen. No obstante, una variedad muy poderosa de zen llegó a Japón con Eisai en 1191 e. c. y Dogen alrededor de 1227 e. c. Pero antes de todo esto (es decir, en la edad de oro), la práctica principal del zen chino no consistía en sentarse, sino en caminar. Los monjes zen eran grandes viajeros que caminaban kilómetros y kilómetros por todo tipo de terreno mientras visitaban templos, cuya finalidad era encontrar maestros que pudieran iluminarlos.

En japonés se le llama *satori,* en mandarín *wu* y en cantonés *hoi ng,* y significa «el despertar». De la misma manera, el *bodhi* en sánscrito alude al despertar de la ilusión de ser un ego separado y atrapado bajo nuestra propia piel. En otras palabras, descubres que eres el universo entero y lo descubres así, de repente, provocando que tu sentido común dé un vuelco y quede totalmente patas arriba (lo cual representa un *shock* para ti). Todo sigue igual que antes, pero ahora que sabes quién eres lo percibes de forma completamente diferente. ¿De qué diablos te preocupabas antes? ¿A qué venía todo ese alboroto y todo ese escándalo? Como ves, todo formaba parte de un juego. Desde una perspectiva todo es jaleo, follones y más follones, pero cuando despiertas, descubres que todo este jaleo no eras tú, sino todo o *eso*. Y tú eres eso, y eso es eso, y todo es eso, y eso da lugar a todas las cosas que suceden.

Capítulo 11

La no-dualidad en acción

Ahora me gustaría hablar sobre un aspecto del zen llamado «seguir hacia adelante». Una vez un discípulo le preguntó a su maestro: «¿Qué es el Tao?», es decir, «¿Cuál es el camino?», y el maestro le respondió: «Seguir caminando». Hoy en día diríamos, «¡Adelante!» como en «¡Adelante, hombre, adelante!». Este aspecto del zen hace referencia al desapego, a tener una mente que no sea aferre, que no titubee, ni se tambalee ni vacile. Cuando los maestros zen hacen una pregunta a sus discípulos esperan una respuesta inmediata, sin premeditación ni deliberación. En el zen, se habla de un tipo de persona que «no depende de nada», y eso se traduce en una persona que no depende de fórmulas, teorías o creencias que gobiernen sus acciones.

Es muy difícil para nosotros funcionar de esta manera. Nos educaron para creer que tenemos dos facetas: un lado animal y un lado humano (es decir, civilizado). Freud se refirió al primero como el principio de placer (naturaleza animal e identidad) y al segundo como el principio de realidad (naturaleza social y superego); en su opinión, estos dos lados de una misma persona están en confrontación constante. Los teósofos hablan de un yo espiritual superior y de un yo inferior y psíquico (orientado al ego). Si ves las cosas desde esta perspectiva, tendrás que arrastrar esa problemática durante toda tu vida intentando que tu yo superior consiga dominar a tu yo inferior, como un jinete cabalgando a su caballo. Pero allí reside el verdadero problema: ¿cómo sabes si lo que realmente consideras tu yo superior no es en realidad tu yo inferior camuflado? Cuando un ladrón entra a robar en una casa y llaman a la policía, éstos entran en la casa por la planta baja mientras el ladrón sube las escaleras al siguiente piso, y cuando la policía sube al segundo piso el ladrón ya está subiendo al siguiente. Del mismo modo, cuando sentimos que somos el yo inferior (es decir, el ego separado) los moralistas no tardan en venir y decir: «No seas egoísta», de modo que el ego intenta aparentar que es bueno identificándose con un yo superior.

¿Por qué crees que tienes un yo superior? ¿Lo has visto? ¿Sabes que está ahí? No. Tú sólo quieres cumplir con su deber y comportarte como un miembro aceptable para la sociedad. Pero todo esto no es más que una enorme careta. Si no sabes que hay un ser superior, pero crees que hay uno, ¿con qué autoridad crees eso? Los budistas podrían citar a Buda, los hindúes podrían referirse a los Upanishads y los cristianos dirían Jesús. El Catecismo de Baltimore comienza diciendo: «Creemos que sólo hay un único Dios, el Padre Todopoderoso, el Creador del Cielo y la Tierra», y los católicos desprecian a los protestantes por interpretar la Biblia a su manera sin una versión autorizada. No obstante, los católicos no son conscientes de que aceptan la autoridad de la Iglesia para que interprete la Biblia por ellos. En otras palabras, deberías tener muy claro que el creador de todas aquellas autoridades que aceptas eres tú, y que, de lo contrario, todo es falso.

El zen no presenta ninguna dualidad entre un yo superior y uno inferior. Si crees que hay un yo superior, es todo un simple truco del yo inferior. Si crees que no hay un yo inferior, sino únicamente un yo superior, o que el yo inferior sirve simplemente para que el yo superior brille a través de él, con eso estamos dando validez a la dualidad. Si crees que tienes un yo inferior (o un ego del que deshacerte) y luchas contra él, con eso sólo conseguirás fortalecer más la ilusión de que verdaderamente existe ese yo. Esta tremenda esquizofrenia en los humanos (de pensar que son el jinete y el caballo, el alma dominando el cuerpo, la voluntad que debe controlar las pasiones, etc.) es un tipo de pensamiento divisorio que no hace más que agravar el problema. Y cada vez nos dividimos más. Pensar de esta manera sólo deriva en un conflicto interno que jamás podrá resolverse. O conoces a tu verdadero yo o no lo conoces, y si lo conoces, aquello a lo que llamamos el yo inferior deja de ser un problema, porque no resulta ser más que un espejismo. Realmente tampoco es que vayas por ahí golpeando espejismos con un palo o tratando de ponerles riendas, simplemente sabes que son espejismos y los atraviesas.

Cuando era niño y hacía travesuras, mi madre me decía: «Alan, hacer estas cosas no es propio de ti». Así que me hice una idea de cómo *era* yo en mis mejores momentos, es decir, en los momentos en los que recordaba lo que mi madre quería que hiciera. Éste es el tipo de división que llevamos todos implantado, y como tenemos nuestra mente dividida siempre vacilamos: ¿esta decisión la estoy tomando desde el yo superior o desde el yo inferior? ¿Desde el espíritu o desde el cuerpo? ¿Es el mensaje que recibí de Dios o del diablo? Y nadie puede decidir, porque si supieras elegir no necesitarías elegir nada. Puedes darle vueltas y más vueltas hasta que la cabeza te eche humo, pero nunca obtendrás la respuesta, ya que los problemas de la vida son tan sutiles que tratar de resolverlos con principios vagos (incluso si esos principios vagos vienen en forma de instrucciones específicas de la moral) es completamente imposible.

Por lo tanto, es importante superar esta división que tenemos en nuestra mente. ¿Pero cómo? ¿Por dónde empezarías si la tienes ya dividida? Un aforismo taoísta dijo: «Cuando el hombre equivocado utiliza los medios adecuados, los medios adecuados funcionan de la manera equivocada». Entonces, ¿qué puedes hacer? ¿Cómo puedes avanzar? Fundamentalmente, por supuesto, te ha de coger por sorpresa.

Winthrop Sargeant entrevistó una vez a un gran sacerdote zen en Kioto. El sacerdote le preguntó: «¿Quién es usted?», a lo que Winthrop Sargeant respondió: «Soy Winthrop Sargeant». El sacerdote se echó a reír. «No –le dijo–, no me refería a eso. Me refería a quién es usted en realidad». Bueno, esto llevó a Sargeant a exponer todo tipo de abstracciones sobre sí mismo como ser humano particular (un periodista, un músico, etc.) mientras que el sacerdote siguió riendo. Al final, el sacerdote dejó el tema y Sargeant pudo relajarse, y al terminar la entrevista el sacerdote hizo una pequeña broma que hizo reír a Sargeant. Entonces el sacerdote exclamó: *«¡Ése eres tú!»*.

¿Ves? Reírte no fue una reacción deliberada. La reacción de una mente que no delibera es la reacción de una mente de Buda o de una mente libre. Pero eso no es lo mismo que responder rápido, porque si te obsesionas con la idea de responder con rapidez, esa rapidez se convierte en obstrucción. Algunas veces, el doctor Suzuki respondía a las preguntas después de un minuto de completo silencio, pero aun así eran respuestas espontáneas, porque durante el silencio no estaba pensando algo que decir ni tampoco estaba avergonzado por el silencio o por no saber la respuesta. Si no sabes la respuesta, puedes guardar silencio; si nadie te hace ninguna pregunta, puedes guardar silencio. Uno no tiene por qué avergonzarse o quedarse bloqueado, pero tampoco podrás salir del bloqueo si piensas que, de alguna manera, estás siendo culpable por bloquearte. Cuando eres perfectamente libre de sentirte atascado o bloqueado, entonces estás desbloqueado. Nada se bloquea en la verdadera mente: lo descubrirás por ti mismo si te fijas en el flujo de tus pensamientos.

El llamado «flujo de conciencia» o «flujo de pensamientos» se representa en chino con el carácter de «pensamiento» repetido tres veces: *nian, nian, nian*. Pensamiento, pensamiento y pensamiento. Cuando reflexionas, un pensamiento sigue a otro pensamiento y van subiendo y bajando como si fueran olas en el mar, y cuando se desvanecen parece como si nunca hubieran existido. Cuando te des cuenta de eso verás que tu mente no se bloquea, aunque puedas tener la ilusión de que sí lo hace. Es posible que experimentes un ciclo de la misma sucesión de pensamientos que pueda producirte cierta sensación de permanencia, pero es sólo una ilusión. Como nuestros pensamientos están conectados entre ellos, eso crea esa sensación de que detrás de nuestros pensamientos hay un pensador que los controla y los experimenta, pero eso es sólo un pensamiento más en la corriente de pensamientos: pensamiento, pensamiento, pensamiento, pensador, pensamiento, pensamiento, pensador, pensamiento, pensamiento, pensamiento, pensador, etc. Si esto se repite con bastante regularidad, puede crear esa ilusión de que hay alguien que piensa y que está al margen de la corriente de pensamientos que van y vienen.

Así es como nuestra mente se divide. Creemos que hay una entidad real ajena a nuestros pensamientos que los va eligiendo, controlando, regulando, etc. En realidad, ésta es una forma de *no* poder controlar tus propios pensamientos, porque cuanto más fuerte es la dualidad entre el pensador y los pensamientos y entre aquel que siente y los sentimientos, más se persuade a la corriente de sensaciones para que se proteja a sí misma. Eso hace que cada vez se parezca más a un registro bloqueado que protege, magnifica y amplia el estatus del supuesto pensador.

Si yo digo: «Camina o siéntate, pero hagas lo que hagas, no titubees», ¿qué quiero conseguir con esto? ¿Qué clase de enunciado es éste? Cuando planteo esta pregunta (es decir, ¿qué clase de enunciado es éste?) lo que estoy haciendo es empezando a hablar sobre hablar. Y puedo hacerlo, siempre y cuando no intente hacerlo mientras hago la primera declaración. Si quiero referirme a algo que acabo de decir, debo hacerlo después, ¿verdad? Pero no a la vez, no puedo decir que eres tonto y al mismo tiempo decirte: «Y ahora te voy a insultar», con tantas palabras, a menos que invente un lenguaje extremadamente complejo que hable sobre sí mismo a medida que va pronunciándose. Estoy explicando todo esto para ilustrar el motivo de nuestra confusión. Cuando estamos a punto de expresar algo, comenzamos a pensar si eso sería lo correcto o lo que realmente deberíamos decir; en otras palabras, comenzamos a titubear. Empezamos a recibir demasiada información y demasiadas valoraciones, y eso hace que cualquier mecanismo se vuelva loco. Y cuando eres muy consciente de la diferencia entre las acciones y aquel que las hace, entonces aquel que actúa empieza a hablar sobre las acciones mientras las hace, y eso impide que se hagan realmente. Supongamos que intentas golpear un clavo con un martillo y justo en el segundo antes de golpearlo te preguntas si ése sería el mejor lugar para clavarlo. Probablemente termines haciéndote daño en el pulgar, pero sin golpearte la uña del todo porque ésa tampoco fue tu intención.

No estoy diciendo que no deberíamos cuestionar los pensamientos, simplemente me refiero a que cuando cuestionas tus propios pensamientos *y* piensas a la vez, se hace una bola y básicamente lo único que consigues es confundirte. Eso es lo que significa el término sánscrito *klesha:* una inquietante confusión de la mente. Este tipo de confusión es especialmente común en los humanos porque tenemos un lenguaje, y con lenguaje también me refiero a palabras, imágenes, números, notaciones, etc. Así pues, como tenemos la capacidad de hablar de cualquier cosa, podemos hablar sobre hablar, podemos hablar de pensar y podemos hablar sobre nosotros mismos como si pudiéramos apartarnos a un lado y decir: «Me lo dije a mí mismo». Pero lo único que estamos haciendo es pensar de nuevo sobre lo que ya habíamos pensado anteriormente mientras pretendemos que el segundo pensamiento es diferente al primero. Y estamos convencidos de que es así, porque creemos en todo tipo de imágenes falsas sobre la memoria; por ejemplo, concebimos la memoria en términos de impresión, como si nos valiéramos de una superficie plana y estable sobre la cual poder estampar recuerdos que permanecerán allí a la espera de una futura revisión. Creemos realmente que existe algo estable donde poder imprimir los pensamientos que vamos teniendo.

¿Todo esto no os suena familiar? Esta idea está directamente relacionada con la antigua superstición de que el mundo consiste en dos elementos: la materia y la forma, es decir, el modelo creacionista del universo. Dios creó a Adán a partir de polvo de la tierra, por lo que por un lado hay una «cosa» y una forma grabada en ella (impuesta o estampada sobre ella) como si fuera un sello estampado en cera. Pero ¿qué son las cosas sino formas? ¿Y que son las formas sino cosas? No hay nadie que haya visto nunca un trozo de «algo» sin forma, ni un trozo de forma sin nada dentro, porque ambas son la misma cosa; es decir, no hay ninguna necesidad de pensar en ellos como conceptos diferentes.

Hay un proceso y un flujo de pensamientos. El flujo de pensamientos no tiene por qué ocurrirle a alguien, y la experiencia tampoco tiene por qué estar por encima de quien la experimenta. Son únicamente una sucesión de pensamientos, pero nos convencemos a nosotros mismos de que somos observadores aislados de la corriente, porque así es como nos han educado. Desde mi forma de pensar y desde mi experiencia, yo soy un objeto (muy fugaz y pasajero) y tú también lo eres, uno que va y viene. Pienso que hay un yo rodeado por un mundo exterior y tú piensas lo mismo. Pero si lo piensas con más profundidad (que yo esté en tu mundo exterior y tú en mi mundo exterior), te darás cuenta de que solamente hay un único mundo que lo engloba todo. No existe lo *interior* y lo *exterior,* porque todo forma parte de un proceso. Por esa razón, es importante deshacerse de la ilusión de la dualidad entre el pensador y el pensamiento. Descubre cuál de los dos es el pensador, aquel que parece estar controlando los pensamientos. ¿Quién es en realidad tu verdadero yo?

Los maestros zen a veces utilizan los gritos como método. El maestro dice: «Quiero oírte decir la palabra *mo* con todas tus fuerzas. No quiero escuchar sólo el sonido, sino la persona que lo dice. Y ahora, quiero oírtelo decir». El discípulo entonces grita: «¡Mo!». Y el maestro Zen le dice: «No, así no». El estudiante vuelve a gritar «¡Mo!», pero aún más fuerte, a lo que el maestro le dice, «No del todo. El sonido todavía proviene de tu garganta». El estudiante lo intenta una y otra vez, sin resultado, porque mientras siga haciendo distinción entre un mo verdadero y un mo falso, el mo verdadero nunca aparecerá.

Si quieres actuar con confianza, simplemente actúa. Pero como la gente no está acostumbrada a eso necesita crear situaciones que parezcan seguras como la anterior y entonces poder actuar con seguridad. Si actuáramos sin ningún tipo de consideración cada vez que estableciéramos relaciones sociales, nos estaríamos metiendo en líos constantemente. Si siguiéramos realmente el consejo de nuestros padres de decir siempre la verdad, por ejemplo, y dijéramos lo que realmente pensamos sobre otras personas, probablemente terminaríamos en situaciones muy incomodas. Pero el zen ofrece una especie de recinto donde se pueden practicar este tipo de comportamientos, y allí es donde las personas se vuelven expertas en ello y aprenden a aplicarlo en todo tipo de situaciones. Los maestros zen proponen a sus discípulos situaciones en las que podrían quedarse estancados si tuvieran que establecer una relación social. Por ejemplo, les hacen preguntas sin sentido como, «¿Cuál es el sonido de una sola mano que aplaude?» y les piden cosas imposibles como, «Toca el techo sin levantarte de la silla» o «Haz que el sonido de ese silbido de tren se detenga». Si interpretáramos todas estas preguntas o peticiones como lo solemos hacer, se convertirían en imposibles, por lo que debemos que ir más allá de nuestros medios particulares del discurso.

Todos estos juegos a los que jugamos (los juegos sociales, los juegos de producción, los juegos de supervivencia) están muy bien, pero al pensar que el yo es lo único que importa nos los tomamos demasiado en serio. El zen, en cambio, trata de desarraigarnos de esa noción y, al hacerlo, nos damos cuenta de que caer muertos ahora mismo sería una opción de juego tan válida como seguir viviendo. ¿Tiene algo de malo un relámpago por el hecho de durar una fracción de segundo? ¿Una estrella está bien considerada por el hecho de existir desde hace miles de millones de años? No pueden hacerse este tipo de comparaciones. Un mundo lleno de relámpagos es un universo lleno de estrellas, como también las criaturas efímeras y longevas van unidas de la mano, y así lo refleja el siguiente poema: «Las ramas con flores crecen de forma natural: algunas cortas, otras largas».

En una comunidad zen se fomenta el comportamiento espontáneo dentro de unos límites, y a medida que el alumno va acostumbrándose, los limites se expanden. Finalmente, el alumno puede salir a la calle y comportarse como un verdadero hombre o mujer zen y salir adelante con su vida sin problemas. Como cuando te topas con alguien por la calle: los dos estáis caminando en línea recta el uno hacia el otro y ambos os apartáis hacia el mismo lado para evitar el choque, y volvéis a apartaros hacia el otro lado, acercándoos más y más hasta prácticamente chocar. Ése es el tipo de estratagema que utilizan los maestros zen con sus discípulos: los enredan para ver cómo logran salir de allí.

En el día a día hay una distinción muy clara entre aquellas personas que parece que siempre tengan un buen autocontrol y aquellas que están constantemente de los nervios y sin saber exactamente qué hacer. Estas últimas no saben cómo lidiar en ciertas situaciones concretas y siempre se avergüenzan de tener una vida demasiado programada. «Me dijiste que harías esto y lo otro en este u otro momento y ahora con tu cambio de planes vas y lo arruinas todo». ¿No es éste un motivo de discusión bastante común en un matrimonio? El cambio de planes en realidad no causa ningún inconveniente significativo, sólo es una sensación que proviene de un ser muy inadaptable. Si hay algo que no tiene por qué hacerse en un momento determinado y alguien se ofende porque se cambia la hora, eso se debe básicamente a que sienten apego a la puntualidad como si se tratara de un fetiche. Empleamos muchísima energía tratando que nuestras vidas se ajusten a cierto modelo predeterminado de lo que es o debería ser la vida, aunque nuestras vidas no lleguen nunca a cuadrar o encajar con dicho modelo. Por eso, la práctica del zen implica deshacerse de estas imágenes.

En nuestra cultura existen los llamados humoristas, aquellos que saben contar chistes buenos y sorprenderte haciendo bromas en las situaciones más inesperadas. Bueno, pues a eso se dedican también los maestros zen en situaciones cotidianas. Tú también puedes hacerlo, siempre y cuando recuerdes cierta condición secreta: no puedes cometer errores. Esto es algo muy difícil de entender. Desde nuestra infancia hemos cumplido con un determinado juego social que dicta que no debemos cometer errores, que debemos hacer lo correcto, que debemos tener cierto comportamiento apropiado cuando estemos aquí y cierto comportamiento apropiado cuando estemos allí, etc. Realmente lo llevamos muy interiorizado y es difícil salir de este juego. Del mismo modo también seguimos creyendo, como aprendimos en otro juego de la infancia, que hay tres tipos de personas: los superiores, los del medio y los inferiores. Todo el mundo quiere pertenecer al mejor grupo de personas, aquellos que viven en lo alto de la colina, conducen Cadillacs, tienen toda la casa enmoquetada, el césped cortado y todo ese tipo de cosas. Nadie quiere pertenecer a ese grupo inferior de personas que viven cerca de los muelles, que se dejan barba, que usan vaqueros azules y fuman marihuana. La mayoría de nosotros nos encontramos en el medio, intentando siempre escalar posiciones sin darnos cuenta de que la parte superior depende de la parte inferior y la parte inferior de la superior.

Esta competencia también se refleja de otras formas: soy más fuerte que tú, soy más inteligente que tú, soy más cariñoso que tú, soy más tolerante que tú, soy más sofisticado que tú, etc. Sin importar el contexto, este juego del estatus siempre está en funcionamiento. Un discípulo zen es aquella persona que ha abandonado el juego de los estatus. Lo que verdaderamente significa ser un monje ya no tiene nada que ver con compararse e intentar ser superior a los demás; para convertirse en maestro, deberá alcanzar cierto punto en el que no intente convertirse en maestro. La idea de ser mejor que otra persona no tiene ningún sentido; es totalmente absurda. Cada uno de nosotros manifiesta la maravilla del universo de la misma manera que lo hacen las estrellas, el agua, el viento y los animales. Y mientras ves a todos los demás creyéndose que están donde deben estar y que no pueden cometer errores, incluso si piensan a su manera que están cometiendo errores y jugando a su juego competitivo particular.

Si el juego comienza a aburrirte o a causarte problemas y úlceras, entonces plantearte abandonarlo e interesarte en alguna práctica como podría ser el zen. Pero eso es simplemente un síntoma de que estás creciendo en una dirección determinada. Cuando te cansas de jugar a cierto tipo de juego empiezas a fluir con naturalidad hacia otra dirección, como un árbol haciendo crecer una nueva rama. Y con suerte sobrepasarás las distinciones entre lo superior e inferior y en ningún caso pensarás: «Ahora soy una persona espiritual que se preocupa de cosas más elevadas, ya no soy como esos imbéciles que sólo se interesan por la cerveza y la televisión». Hay varias maneras de vivir la vida, del mismo modo que hay cangrejos, arañas, tiburones, gorriones, etc. ¿Recuerdas ese poema que cité anteriormente? «Las ramas con flores crecen de forma natural: algunas cortas, otras largas». El primer verso del mismo poema dice: «En un paisaje de primavera no hay nada superior ni inferior». ¿Qué sentido tiene la superioridad? En el proceso de crecimiento, el roble no es superior a la bellota, sino la manera que tiene la bellota de producir más bellotas.

Convertirte en un marginado social conlleva un beneficio particular: ya no te tomas en serio ese juego al que todos los demás juegan, e incluso cuando la gente te llama y te llama para que vayas a jugar, no te sientes amenazado por la idea de cometer errores o de hacer lo incorrecto. En otras palabras, dejas de seguir ese comportamiento inculcado desde la infancia para pasar a la madurez. Los predicadores, los jueces y todo tipo de profesores adoptan la misma actitud que tienen los padres hacia los niños, pero en este caso hacia los adultos: les dan conferencias sobre lo que deben y no deben hacer. Bueno, tal vez algunos delincuentes aún no hayan crecido, pero se podría decir lo mismo de los jueces: se necesitan dos para discutir. Y cuando abandones el juego podrás empezar a pensar de una manera totalmente nueva (basándote en polaridades en lugar de conflictos) porque ya no necesitarás estar anclado al pensamiento competitivo: los buenos contra los malos, policías contra ladrones, capitalistas contra comunistas, y todas estas ideas más bien infantiles.

Por supuesto, estoy utilizando un tipo de lenguaje competitivo para demostrar que el juego competitivo tiene sus propias limitaciones. Es como si dijera: «Oye, tengo algo que decirte, y si lo entiendes estarás en una posición mucho más elevada de aquélla en la que estás ahora». Pero tú no puedes dirigirte a un grupo en particular de gente sin recurrir al lenguaje, a los gestos, a las costumbres y todo lo demás que caracterice a ese grupo. Los maestros zen intentan sortear esta situación actuando de tal manera extraña y repentina que la gente simplemente no logra entender. Ésa es la verdadera razón por la que el zen no se puede explicar. Tienes que dar un salto y sobrepasar el juego de valoraciones (mejores personas versus peores personas, dentro del grupo versus fuera del grupo, etc.), y sólo puedes dar ese salto si concibes ambos lados como mutuamente interdependientes. Supongamos que estoy hablando contigo y te digo: «Tengo que decirte algo muy importante, así que presta mucha atención». Yo represento el dentro del grupo y tú el fuera del grupo. Pero en realidad no puedo hacer de maestro a menos que tú hagas de discípulo o de oyente; mi estatus y mi posición dependen totalmente de ti. No es algo que yo consiga primero y luego estés tú, sino que son conceptos que surgen el uno del otro. Así pues, si tú no estás dispuesto a escuchar lo que quiero decir, no podría decirlo; me quedaría sin nada que decir.

Esta idea refleja muy bien la unidad que hay entre las cosas. Cuando te des cuenta de eso y abandones la idea de la competición, dejarás de cometer errores, básicamente porque dejarás también de vacilar. Cuando estaba aprendiendo a tocar el piano, mi maestra me golpeaba los dedos con un lápiz cada vez que tocaba mal una nota. Consecuentemente, nunca aprendí a leer música porque le tenía pavor a ese lápiz, y eso me hizo dudar durante mucho tiempo. Este tipo de cosas las interiorizamos en nuestra mente. Aunque seamos adultos y ya nadie nos golpee o nos grite, aún seguimos escuchando los ecos de mamá o papá gritando en la parte posterior de nuestros cerebros. Eso hace que transmitamos las mismas actitudes a nuestros propios hijos, y la farsa nunca se detiene. Eso no quiere decir que no tengas que establecer ciertas normas con tus hijos, pero deberías hacerlo con algún tipo de previsión para que en un futuro pudieran liberarse; en otras palabras, deberías hacerles pasar por un proceso de sanación de los efectos negativos de la educación. Pero no podrás hacerlo a menos que tú también crezcas. O a menos que crezcamos. Sí, yo también debería incluirme en esta afirmación.

Cuando nos encontramos por primera vez con un maestro zen, al principio parecen figuras totalmente autoritarias. Es decir, desempeñan un papel brillante de monstruos temibles para ahuyentar a aquellas personas que no tengan suficiente valor para acercarse a ellos. Pero una vez que consigas atravesar esa barrera, se producirá un cambio muy interesante. El maestro empieza a parecerse más a un hermano o hermana y se convierten en ayudantes afectuosos, y eso hace que los discípulos establezcan un vínculo de hermandad con el maestro en lugar de respetarlo como lo harían con un padre. Entre discípulos y maestros se hacen bromas y disfrutan de un tipo de relación social muy curiosa. Juzgando todos los símbolos exteriores parece que en el interior se respire un ambiente autoritario, pero todos saben en el fondo que eso es simplemente una fachada. Como ves, la gente liberada tiene que aparentar que son distantes, porque, de lo contrario, una sociedad que realmente no cree en la igualdad y ni si quiera la concibe, consideraría este tipo de relación social como una amenaza y sería vista como extremadamente subversiva. Por esa razón, los maestros zen visten de color púrpura y oro, llevan cetros y se sientan en tronos. El mundo exterior al echarles un vistazo piensa: «Parece que todo va bien. Tienen disciplina y orden, así que todo debería ir bien».

Capítulo 12

La gran duda

Una vez tratados los principios básicos, me gustaría centrarme en el lado más práctico del zen. Una institución zen típica consiste en un campus con varios edificios, y en los alrededores del campus puedes encontrar templos que fueron fundados en la antigüedad por familias nobles. Cuando los budistas llegaron a Oriente, explotaron la adoración hacia los antepasados (la gran religión de China), algo muy astuto por su parte. Los sacerdotes budistas ofrecían servicios como misas de réquiem para el reposo de las almas y las ceremonias para que los antepasados pudieran aspirar a una buena reencarnación. Así pues, una de las principales funciones de los templos en Japón es llevar a cabo servicios conmemorativos para los difuntos. La gente en Japón no acude a los templos de la misma manera que los occidentales a las iglesias: hacen peregrinajes, cantan y asisten a servicios especiales como homenajes y bodas, pero no participan de forma regular en ningún tipo de comunidad parroquial. Por supuesto, esta visión cambió en Estados Unidos entre los inmigrantes japoneses, cuando muchos de ellos copiaron las prácticas de los protestantes. Hoy en día hay muchos niños que no entienden el japonés y no soportan el canto del sutra.

En Japón, los sacerdotes y sus familias son los que administran los templos, y como muchos de ellos empiezan a tener problemas, para salir adelante abren restaurantes con comida de calidad o museos. El núcleo de un templo zen se conoce como *sodo*: *so* significa «sangha» y *do* significa «sala». La sala de sangha, pues, está ubicada en el centro de todo y tiene varias habitaciones, pero la principal (la sodo propiamente dicha) es una habitación larga y espaciosa con plataformas a cada lado y un amplio corredor en el centro. Las plataformas tienen aproximadamente dos metros de ancho y cada una contiene varias esteras de tatami con una medida de dos por uno, y a cada monje se le asigna una estera para poder dormir y meditar. En un estante junto a la pared, los monjes guardan todas sus posesiones, que son muy básicas. En el centro del corredor, entre las plataformas, encontrarás una imagen del bodhisattva Manjushri (llamado Monju en Japón) que sostiene la espada del *prajna* («sabiduría») capaz de dividir todas las ilusiones en dos. La sala tiene una cocina, una biblioteca y otras habitaciones para ocasiones especiales. También están las habitaciones del *kansho* (el abad y jefe administrativo del templo) y el *roshi*. Cada templo es de algún modo independiente, particularmente en el zen rinzai. Es decir, hay una relación fraternal entre todos los templos, pero nada parecido a un papa, un arzobispo o cualquier otra jerarquía de este tipo. La secta soto sí que podría recordar ligeramente a una jerarquía, pero, en general, se podría decir que en el zen el *kansho* es el jefe superior de cada templo mientras que el *roshi* es el jefe respetado (ese hombre al que todos temen, al menos desde fuera).

Si lo que quieres es estudiar zen en una de estas instituciones, no te lo van a poner fácil, y más bien lo que intentarán será ahuyentarte. Ésa también es una gran diferencia si lo comparamos con el tipo de bienvenida que recibes en la mayoría de las iglesias cristianas. Una visión racional reflejaría al futuro discípulo llegando a la puerta del templo con el traje tradicional de viaje (un sombrero enorme de paja, una túnica negra, calcetines tabi blancos y unas determinadas sandalias de madera) y también con una cajita con tazones para comer, cepillo de dientes, cuchilla de afeitar y otros utensilios básicos. Nada más llegar le dirán que el monasterio es muy pobre y que no pueden permitirse la acogida de más discípulos, que el maestro está muy viejo y débil y otras cosas por el estilo. Por lo que el aspirante a discípulo debe permanecer afuera y esperar, aunque le invitarán a comer porque a ningún monje viajero se le puede negar la hospitalidad. Por la noche le acompañarán a una sala especial donde deberá permanecer despierto y meditar hasta que salga el sol. En otros tiempos más remotos, este proceso podría durar una semana o más, en la que se sometía al discípulo a pruebas exhaustivas.

Si el aspirante a discípulo logra pasar todas estas pruebas, se le invita a hablar con el *roshi*. No olvidemos que, en cuanto a apariencia, los *roshis* son tipos formidables que poseen cierta ferocidad combinada con una tremenda franqueza. En otras palabras, el *roshi* es alguien capaz de ver a través de ti. Entonces, cuando el estudiante se encuentra con el *roshi*, éste le planteará alguna pregunta como «¿Qué es lo que buscas?». O «¿Por qué has venido aquí?». El estudiante, por supuesto, anuncia que ha venido a estudiar zen, a lo que el *roshi* le responde, «Aquí no enseñamos nada. En el zen no hay nada que estudiar». Si el estudiante es lo suficientemente astuto entenderá que ese «nada» es la auténtica realidad (el universo, el vacío, el *shunyata),* por lo que no se sorprenderá al oír la respuesta del *roshi*. A estas alturas, si el estudiante insiste en su deseo de permanecer en el templo de todos modos para trabajar, meditar y demás, es probable que le acepten en un período de prueba.

Llegados a este punto, la primera entrevista aún puede continuar durante algún tiempo. El maestro puede plantear la pregunta, «¿Y ahora por qué quieres estudiar zen?». Y la respuesta del discípulo será algo parecido a: «Porque vivo oprimido por la rueda de la vida y la muerte, el ciclo del sufrimiento, y deseo ser libre». Y el maestro le preguntará: «¿Quién es el que quiere ser libre?». Aquí llega el primer obstáculo, el primer *koan* del discípulo. También sería posible que las preguntas empezaran de una manera más informal, con el maestro preguntando sobre la ciudad natal, la familia o la educación del discípulo, por ejemplo. Pero en medio de estas preguntas aparentemente normales, el *roshi* deja caer el *koan,* algo así como, «¿Por qué mi mano se parece tanto a la mano del Buda?». Entonces el estudiante se bloquea. La palabra *koan* en realidad significa «un caso», como algo que funciona como precedente para casos futuros en la jurisprudencia. La mayoría de los *koans* se basan en historias de conversaciones entre los antiguos maestros y sus discípulos, pero algunos pueden surgir espontáneamente. No obstante, el *koan* básico siempre es: «¿Quién es usted?», y el *roshi* no dará válidas las palabras como respuesta.

Tras todas estas preguntas, el discípulo se reúne con el monje jefe (el *jikijitsu)* y aprende cuáles son las reglas, dónde dormir, cómo meditar, etc. Los monjes se sientan en cojines acolchados con las piernas en posición de loto durante períodos de media hora. Cuando se acaba el tiempo, todos se levantan y se ponen a caminar por la habitación enérgicamente durante un tiempo hasta que reciben la señal de sentarse de nuevo para volver a meditar. Durante esta rutina, un monje permanece a cada lado de la sala con una vara larga y plana, y si ven que algún monje está encorvado, durmiendo o haciendo el vago de alguna manera le golpean con esa vara en la parte posterior de los hombros. Algunos apologistas dirán que esto no es ningún castigo y que el golpe sólo sirve para ayudar a los monjes a permanecer despiertos, pero no les hagas caso: las personas zen no se pronunciarán sobre eso, pero en realidad es un recurso agresivo.

Cuando comienzas el *zazen* (es decir, la meditación sentada) prácticamente lo único que haces es contar tu respiración, tal vez de diez en diez, hasta que apaciguas tus pensamientos. Los practicantes del zen no cierran los ojos cuando meditan ni tampoco los oídos. Mantienen la mirada en el suelo frente a ellos y no intentan ignorar los sonidos, olores o sensaciones que puedan estar sintiendo en ese momento. No bloquean absolutamente nada de eso. Y a medida que pasa el tiempo dejan de contar su respiración y le dedican más tiempo al *koan* que les asignó el *roshi*. ¿Cuál es el sonido de una sola mano que aplaude? ¿Quién eras antes de que tu padre y tu madre te concibieran? ¿Un perro puede tener la naturaleza de Buda? Y cosas por el estilo.

Cada día, el discípulo acude al maestro para el llamado *sanzen* (el estudio del zen) que consiste en presentar su respuesta al *koan*. Siguen un proceso muy formal para este tipo de reunión: una vez que el monje llega al cuarto del maestro, se detiene antes de entrar y toca tres veces un tambor; el maestro responde con un toque de campanilla y el discípulo entra, hace una reverencia y repite el *koan* en voz alta para luego dar su respuesta. Si el maestro no queda satisfecho con la respuesta, simplemente tocará la campanilla, lo que significa «fin de la entrevista». El *roshi* también podría confundir al discípulo aún más empujándole hacia una dirección u otra. ¿Entiendes lo que está ocurriendo allí? Al estudiante se le pide que sea absolutamente genuino, lo cual no se puede hacer intencionadamente, y menos aún cuando la persona que tienes delante es una figura tan autoritaria e incluso más poderosa y respetada que tu propio padre (y eso en Japón es decir mucho). Se exige que seas completamente espontáneo en presencia de semejante figura. Entonces, a medida que van rechazando todas tus respuestas al *koan* una y otra vez, te consume la desesperación y experimentas un estado conocido como «la gran duda». Llegados a este punto, el estudiante intentará cualquier cosa, incluso hay historias de discípulos golpeando a sus maestros con una roca. Pero nada sirve. Un amigo mío que estudiaba en Kioto una vez, desesperado, sacó una rana toro de su kimono. El maestro simplemente negó con la cabeza y dijo: «Demasiado intelectual», refiriéndose a que era demasiado artificial y demasiado premeditado. Mi amigo simplemente estaba copiando las excentricidades de otros discípulos zen, y con eso no llegarás a ninguna parte.

Esta desesperación puede volverse crítica durante el *sesshin,* un intenso período de práctica en el que los monjes por la noche sólo duermen cuatro horas, meditan todo el día y acuden a su entrevista *sanzen* dos veces al día. Es un entrenamiento tremendo que dura por lo general de cinco a seis días y en el que los discípulos se ven involucrados en un ataque de furia psíquica. Durante esta intensificación, hacer las cosas que hacías habitualmente se vuelve agotador. El discípulo se prioriza a él mismo antes que al maestro, por lo que deja de importarle todo y empieza a entender lo que está ocurriendo. Para empezar, nunca hubo un problema; el discípulo fue quien originó el problema y se lo proyectó al maestro, quien supo cómo manejar toda esta situación básicamente haciéndole quedar como alguien mucho más estúpido de lo que era. Y así es como el discípulo llega a comprender finalmente la estupidez esencial que envuelve a los humanos y que nos hace partícipes de un juego de superioridad ante otras personas y ante el universo.

¿Quién dijo que podrías estar por encima de la vida? ¿Qué te hace pensar que estás aislado de la vida? ¿Cómo puedes ganarle al juego? ¿Qué juego? Esta ilusión de ganarle al juego se disipa con los *koan*. Dicen que analizar un *koan* es como un mosquito picando a un toro de hierro: picar reside en la naturaleza de un mosquito, pero permanecer indemne a cualquier picadura reside en la naturaleza de un toro de hierro.

Una vez que el *roshi* da por válida la respuesta del discípulo al *koan*, todo sigue igual. Hay cinco clases de *koans*, y éste fue sólo el primero, por lo que el maestro alienta al discípulo a esforzarse el doble. El primer *koan* fue un caso de Hinayana (uno destinado a ayudar al discípulo a alcanzar el nirvana), pero los otros tipos de *koan* son del Mahayana y, por lo tanto, están destinados a traer el nirvana al mundo. Estos cuatro *koans* tienen que ver con los milagros (por ejemplo, apagar una vela en la lejana Tombuctú) y en la manera que tiene el zen de lidiar con varios problemas del mundo. Ahora bien, todo esto requiere diferentes períodos de tiempo. Para algunas personas sólo representan diez años. En el día de la graduación todos salen armando un gran alboroto y despiden al monje que se va y que se convertirá, tal vez, en laico, en sacerdote del templo o incluso algún día en *roshi*.

Así pues, todo el sistema es homeopático: utilizan el pelo del perro que te mordió para curarte la mordedura. Cuando las personas son víctimas de un engaño, por mucho que intentes convencerlas con argumentos de lo contrario no cambiarán de parecer. Por muchas conversaciones que tengas con ellos no podrás persuadir a nadie de que el ego es una ilusión, porque ellos *saben* que está ahí. La única manera de convencer a un loco de su locura es hacer que vaya más allá tal y como ilustra William Blake: «Aquel loco que persista en su locura acabará siendo sabio». Algunos psiquiatras que conozco han probado este método y han intentado hacer, por ejemplo, que alguien que comía en exceso y que estaba excesivamente gordo aumentase siete kilos más, o hacer que un alcohólico se emborrachase hasta la saciedad, etc. Pero es un método bastante temerario y también bastante peligroso. Sin un buen seguimiento, la gente podría enloquecer fácilmente bajo ese nivel de presión.

Este método de entrenamiento zen, pues, sólo funciona para aquellos que no puedan satisfacerse con otra cosa en el mundo, y simplemente por eso lo practican. Por esa razón, este método no termina de encajar en esta era moderna, y la prueba de ello es que la mayoría de los templos japoneses están relativamente vacíos. De hecho, la mayoría de los templos que han permanecido abiertos se han vuelto viejos y obstinados: son muy tradicionales y de mentalidad conservadora, y la mayoría de las cosas que hacen ha dejado de tener sentido. El zen no puede perdurar así. Incluso es común (y lo ha sido desde los tiempos de Hakuin) que los maestros esperen que los discípulos respondan a los *koans* de la manera prescrita y con respuestas preestablecidas. Una vez que formulan la respuesta correcta, los discípulos leen un pequeño libro de poesía llamado *Zenrin Kushu* (la Antología del bosque zen) para encontrar el significado de su *koan*. Recientemente, este hecho hizo estallar a un monje que amenazó con publicar todas las respuestas de los *koans* para que los maestros tuvieran que volver a activarse e inventarse otros nuevos. Conozco a un *roshi* capaz de inventar nuevos *koans* al momento. Cuando un discípulo está a punto de responder, tan pronto como abren la boca, el *roshi* le dice: «¡No! ¡Has tardado demasiado!».

Parte del problema que tiene el zen moderno reside en su lenguaje arcaico. Me refiero a que, ¿quién quiere saber más sobre el *mo* de Joshu, o sobre el sonido de una mano aplaudiendo? Bueno, si eres un experto en chino, hay un proverbio que dice: «Una mano no dará una palmada», por lo que el *koan* cobra sentido para ti. Todas estas historias y diálogos antiguos están llenos de referencias y alusiones que no se corresponden en absoluto al mundo que vivimos hoy en día, por lo que hay una necesidad de modernización y de hacer referencia a aquello que sucede en la *actualidad*. No es la primera vez que Japón se aleja de su tradición: el siglo XVII supuso un gran momento de democratización cultural, y en aquel entonces fue, por ejemplo, cuando Basho inventó la forma de poesía haiku. La poesía hasta ese entonces siempre había sido oscura y decadente, y sólo los literatos sofisticados podían escribirla; pero la nueva forma de Basho hizo que escribir poesía fuera posible para todos. La gente ya no pensaba en la poesía como algo que necesariamente tenía que ser publicado, sino que ahora se escribían poemas en las fiestas. Y todo esto surgió del sentimiento zen que Basho sentía por la naturaleza (de los breves y perspicaces detalles que vislumbraba de la naturaleza), y pensó que eso debía estar al alcance de todos.

Mientras Basho llevaba la poesía a los campesinos, un hombre llamado Bankei daba a conocer el zen a los granjeros. Bankei presentó un sistema zen completamente diferente al que denominó *fu-sho* (el «no nacido»), aquello que aún no ha surgido y que, de hecho, nunca llega a surgir. Bankei afirmaba que recibíamos de nuestros padres una mente inmortal que aún no había nacido (la mente de Buda), que todos la poseíamos y que era lo único necesario para enfrentar cualquier adversidad en la vida. Una prueba bastante interesante de ello, según él, era nuestra manera de percibir una variedad de sonidos: si nos encontramos en medio de un bosque rodeados por las llamadas de cuervos y gorriones y demás, por ejemplo, tenemos la capacidad de escuchar cada sonido con claridad sin que esto requiera de ningún esfuerzo especial por nuestra parte. ¿Cómo puede ser que algo tan increíble suceda de manera tan natural? Esta habilidad proviene de la mente de Buda que aún no ha nacido y que, por lo tanto, es inmortal.

Hay una historia sobre un sacerdote que se acercó a Bankei y le dijo: «La verdad es que lo que enseñas no está nada mal, pero cuando me pongo en contacto con mi mente de Buda me quedo en blanco». Bankei le respondió que, si ahora mismo le apuñalara por la espalda con algún objeto afilado, el sacerdote sentiría el dolor muy intensamente, demostrando así que su mente estaría bastante alerta. Hay otro ejemplo de una persona laica quejándose a Bankei sobre su propia pereza, la fatiga que le produce la disciplina zen y su incapacidad para seguir hacia adelante con su vida. Bankei le respondió: «Esto no son más que tonterías. Cuando estás en la mente de Buda no hay necesidad de avanzar ni tampoco puedes retroceder. Cuando lo comprendas, ya no te molestarás más con preocupaciones absurdas como ésta». Como podemos observar, para Bankei los pensamientos surgen de la parte más superficial de la mente, y como los pensamientos no son entidades reales, simplemente deberías dejar que suban, que se queden un rato vagando por allí y que luego desaparezcan. Los pensamientos simplemente vienen y van de manera natural, y sólo nos llevan por mal camino cuando nos obsesionamos con ellos.

Así pues, la principal enseñanza de Bankei era permitir que ese proceso sucediera de forma natural. Decía que si dejabas que los pensamientos vinieran y se fueran permanecerías en la mente de Buda y, por lo tanto, la práctica de la disciplina y el *zazen*, por ejemplo, no serían realmente importantes. «La mente de Buda aún sin nacer –dijo–, no tiene absolutamente nada que ver con sentarse con una varilla de incienso frente a ti. Estemos despiertos o dormidos, cada uno de nosotros es un Buda viviente». Y así fue como Bankei intentó enseñar un zen que no siguiera ningún método; si querías podías meditar, pero no era necesario. Según él, meditar para llegar a la iluminación era como intentar fabricar un espejo a base de pulir un ladrillo; también dijo que tratar de purificar tu mente era como tratar de limpiar sangre echándole más sangre.

Bankei sirvió como abad de Myoshin-ji, donde logró eliminar la práctica de golpear a los monjes durmientes con la vara *keisaku* porque, según dijo, «Un hombre dormido sigue siendo un Buda, y no deberíamos ser irrespetuosos». Hakuin (su contemporáneo) tuvo ochenta sucesores, mientras que Bankei no tuvo ninguno. Algunas personas piensan que eso fue lo más admirable de él.

QUINTA PARTE

EL MUNDO
COMO ÉL MISMO

Capítulo 13

La cosmología hindú

Los Upanishads son la esencia destilada del pensamiento hindú. En ellos aprendemos la base de toda la filosofía india: el «*ātman*» en sánscrito o el «yo» en español. Sin embargo, ese es el «yo» en el sentido más amplio y más inclusivo de la palabra: *tu yo, el yo como tal, la existencia como tal y la totalidad de todo tu ser.*

Obviamente, no es algo sobre lo que puedas hablar en términos racionales; es decir, puedes hablar de ello como hablaría un poeta sobre cualquier cosa, porque los Upanishads son principalmente poesía. Todo en el mundo (cuchillos, tenedores, mesas, árboles y piedras) es, por supuesto, indescriptible. El erudito del siglo xx Alfred Korzybski se refirió al mundo físico como el «mundo indescriptible», lo cual resulta bastante curioso por su doble significado. Primero, no puedes hablar sobre nada que haga referencia al mundo físico porque es indescriptible, y segundo, el mundo físico no es algo de lo que uno pueda hablar porque es tabú, aunque eso ya lo examinaremos más adelante. Pero desde un punto de vista lógico no puedes hablar sobre todo, porque para hacerlo de manera lógica primero deberíamos clasificar de alguna manera el elemento a debatir. Supongamos ahora que las categorías son cajas intelectuales, y que, por ejemplo, tenemos las tres cajas correspondientes a los animales, los vegetales y los minerales. No puedes concebir una de estas clasificaciones sin la otra. Para que haya una caja ha de haber algo dentro y algo fuera, y a través de este método de contraste podemos entablar una discusión lógica sobre las cosas. Por lo tanto, todas las palabras son etiquetas o casilleros intelectuales.

Pero cuando examinas la *esencia,* vas mucho más allá de las clasificaciones y dejas de hablar de forma lógica. Puedes distinguir lo que *es* y lo que *no es,* por supuesto, pero sólo de forma muy limitada. Podríamos decir, por ejemplo: «Tengo un bolígrafo en mi mano izquierda, pero no tengo un bolígrafo en la mano derecha», y de allí podríamos abstraer la idea de *ser* y *no ser* o de lo que *es* y lo que *no es*. Sin embargo, cuando consideramos el *ser* con *S* mayúscula, esto incluye ejemplares del *ser* como cuerpos celestes y también implica ejemplares del *no ser* como el espacio que abarca esos cuerpos celestes, y ambos conceptos van unidos.

Una persona perfectamente razonable podría decir que la noción del yo (el *atman,* la realidad esencial en la que todo existe) no tiene ningún significado. Desde un punto de vista lógico no lo tiene. Sin embargo, aunque algo no pueda clasificarse en una categoría lógica no quiere decir que no sea real. El yo de alguna manera se relaciona con el mundo como lo hace el diafragma de un altavoz estéreo: no hay ningún tipo de música que salga por el altavoz y trate sobre el diafragma y nadie habla tampoco sobre el diafragma, pero el diafragma hace que la música pueda ser audible. Todo lo que escuchas por el altavoz (todos estos sonidos y ruidos diferentes) son vibraciones producidas por este dispositivo metálico, y lo mismo ocurre con tu tímpano o tu sistema visual. Del mismo modo que podríamos preguntar: «¿En qué soporte está?», que si hablamos de música vendría a ser en una cinta, un vinilo, etc., los hindúes responderían: «Está en el yo».

No es que sólo haya un yo de manera solipsista. El solipsismo defiende la idea de que tú eres la única persona que existe y que todos los demás son emanaciones de tu mente. Nadie puede probar que éste no sea el caso, pero sería interesante ver como en un congreso de solipsistas discuten todos sobre cuál de ellos está realmente allí. El *atman* es mucho más complejo. Piensa en los nervios de tu cuerpo: hay miles y miles de millones de nervios. Ahora imagínate por un momento que en el extremo de cada nervio hay un pequeño ojo que obtiene impresiones del mundo y envía esa información de vuelta al cerebro central. Eso ya se acerca más a la idea hindú. Cada persona, animal, roca, hoja de hierba, etc., es un ojo que observa desde un ser central. Bueno, es bastante fácil ver la conexión que hay entre un solo nervio y el cerebro, pero ver la conexión que hay entre un ser humano y otro no lo es tanto. Como no estamos arraigados en la misma tierra como los árboles, a mí me resultará más fácil adquirir la idea de que soy sólo un ser atrapado bajo mi piel y que mi yo y tu yo son diferentes; en otras palabras, parece como si estuviéramos desconectados en esencia.

Sin embargo, en el pensamiento hindú, cada uno de nosotros lo es todo. Es un punto de vista sorprendente. Los hindúes dicen que el yo (el gran yo) es la consciencia, pero no la consciencia cotidiana y ordinaria. Por supuesto, la consciencia cotidiana es una manifestación de una consciencia superior, pero también hay un aspecto de la consciencia que no llega a percibir todo eso pero que, aun así, tiene una gran capacidad de respuesta. Tu corazón late, respiras y haces que tu cabello crezca, y haces todo esto sin saber cómo lo haces. De la misma manera que la atención consciente no tiene consciencia sobre todas las demás operaciones de tu cuerpo, tú tampoco eres consciente de tu conexión con tu yo esencial. Las hojas mueren y caen del árbol, pero al año siguiente habrá más hojas y más frutos. Tú y yo moriremos, pero nacerán más bebés. Si la raza humana se extingue, puedes estar seguro de que existen criaturas dispersas por toda la multiplicidad de galaxias que se sienten también humanas. Podríamos pensar que son cosas totalmente diferentes precisamente porque no somos conscientes de los intervalos: no somos conscientes de nuestro yo con nuestra atención consciente cuando ésta no está operativa. Sin embargo, del mismo modo que no eres consciente de lo que está haciendo tu glándula pineal en este momento, tampoco eres consciente de las conexiones que nos unen a todos, y no sólo aquí y ahora, sino por siempre jamás.

No nos percatamos de nuestro yo porque el yo no necesita mirarse a sí mismo. Un cuchillo no necesita cortarse a sí mismo, el fuego no necesita quemarse, el agua no necesita beberse a sí misma para saciarse y la luz no necesita brillar sobre sí misma. Sin embargo, toda esta disputa sobre la filosofía india (especialmente por parte de Vedanta) tenía como objeto la posibilidad de que, de alguna manera, pudieras ser consciente de ti mismo en un sentido más profundo y de que entendieras que tú lo eres todo. Tanto en la filosofía hindú como en la budista, esta idea es conocida como *moksha* (liberación) y significa la liberación de la alucinación de ser sólo un «pobrecito de mí», el despertar de ese tipo de hipnosis y descubrir que eres el *producto* de este vasto e increíble yo que no tiene ni principio ni fin, ni continuación ni interrupción, y que va más allá de cualquier categorización. Como dicen los Upanishads, «No es ni esto ni aquello». Cualquier cosa que pudieras formular, imaginar o describir, no sería el yo, así que para conocer el yo debes deshacerte primero de todas y cada una de las ideas que tienes en tu cabeza. Pero eso no significa que debas deshacerte de cada impresión sensorial y entrar en un estado catatónico de ensimismamiento total; tú llegas a conseguir el *moksha* cuando sales de una absorción meditativa y puedes ver el mundo cotidiano tal y como lo ves ahora, pero con la diferencia de que ahora ves claramente que el yo lo es todo. Te das cuenta de la tremenda interconexión que hay de todo con todo porque ahora puedes percibir la unidad, y a eso nos referimos con el termino relatividad.

Relatividad significa relación: delante con atrás, la cima con el fondo, interiores con exteriores, sólido con espacio, etc. Todo va unido, y no importa si algo dura mucho o poco tiempo. Una galaxia y un mosquito, por ejemplo, forman parte del universo de la misma manera. Desde el punto de vista del yo, el tiempo es completamente relativo. Todo se reduce al punto de vista o, si utilizamos una expresión científica, al nivel de aumento. Observa lo que está frente a ti con un mayor aumento y verás moléculas, y si las observas aún con un mayor aumento encontrarás un espacio inmenso entre átomos comparable a la distancia entre el sol y sus planetas. Lo mismo sucede con el tiempo: podría haber universos inmensos llenos de imperios, barcos de guerra, palacios, burdeles, restaurantes y orquestas, y todo en la yema de tu dedo índice. Por otro lado, todo nuestro mundo podría estar ocurriendo en la yema del dedo de otro ser.

Los sentidos humanos responden sólo a una gama muy pequeña del famoso espectro de vibraciones. Pero si nuestros sentidos se alteraran de alguna manera, veríamos el mundo con una apariencia completamente diferente. Hay infinidad de posibilidades de vibraciones: mundos dentro de mundos dentro de otros mundos. Sin embargo, tener sentidos y percibir cosas es un proceso fundamentalmente selectivo, y lo que hacemos es seleccionar ciertas vibraciones en particular de un conjunto mayor. Cuando tocas el piano, no coges las dos manos y las aporreas contra las teclas a la vez, sino que seleccionas. Y percibir es como tocar el piano porque lo que haces es elegir ciertas cosas como significativas y como patrones constituyentes. Todo el universo parece ser un proceso que juega con diferentes patrones, y no importa con qué patrón juegue (no importa lo que esté haciendo en cualquier dimensión o escala de tiempo y espacio) porque todo ocurre en el yo.

Hay un famoso *koan* zen que dice así: «Antes de que tu padre y tu madre te concibieran, ¿cuál era tu naturaleza original?». Es decir, ¿quién fuiste antes de nacer en esta vida? Es el mismo tipo de pregunta extraña sobre cómo sería irse a dormir y no volver a despertar nunca más, o cómo despertar sin haber ido previamente a dormir. Es muy misterioso. A medida que vas intentando responder a preguntas como éstas, empiezas a sentir que tu existencia se vuelve cada vez más extraña, sobre todo por el hecho de estar aquí cuando podrías fácilmente no haber estado. Si tus padres nunca se hubieran conocido, ¿estarías ahora aquí? Si tus padres hubieran conocido a otras personas y hubieran tenido hijos, ¿habrías sido uno de esos niños? Por supuesto que sí. Sólo puedes ser tú si eres alguien, y cada persona eres tú, y cada persona soy *yo*. Todos sienten ese *yo* de la misma manera y tienen esa misma sensación, así como el azul es el mismo color en todas partes. Ese concepto del *yo* es lo más fundamental que hay en las personas y en el universo. Nuestro *yo* sale de un *yo* central como lo hace una pequeña rama de una rama más grande en un árbol enorme, y precisamente por eso las deidades hindúes se representan con tantos brazos y caras; todos los brazos simbolizan los brazos de lo divino y todas las caras representan cada una de sus máscaras.

En otras palabras, no hay nada de qué preocuparse: tu *yo* fundamental es indestructible. Nuestras idas y venidas, nuestras fortunas y desgracias no son más que un espejismo, y cuanto más sabemos sobre ellos, más sabemos sobre el mundo y más diáfano nos parece. Todo lo que engloba el mundo tiene la misma característica del humo: si te fijas en el humo a través de un rayo de sol, verás que está lleno de remolinos, formas y todo tipo de diseños maravillosos, hasta que de repente ya no está, han desaparecido. Y lo mismo ocurre con todo.

Puedes adoptar dos actitudes ante esta situación. Por un lado, puedes verlo todo abominable, porque obtienes todos estos sentimientos de amor, apego y alegría, y al final terminas perdiendo los dientes, la visión, te diagnostican un cáncer o cirrosis hepática o algo así y todo se desmorona. ¡Es horrible! Así que decides no cogerle apego a las cosas, no disfrutar de la vida y mantener una distancia con ella como si se tratara de un amante al que hubieras rechazado. Por otro lado, puedes ver el hilo de humo como algo de belleza increíble, siempre y cuando no intentes hacerte con él; puedes apreciar su belleza mientras no intentes conservarlo o aferrarte a él, porque ahí es cuando lo destruyes. Exactamente de la misma manera no hay nada relativo a la forma en lo que poder apoyarte o agarrarte, y una vez consigues entenderlo así, el mundo de las formas se vuelve increíblemente hermoso, siempre y cuando lo dejas libre.

Cuando los filósofos hindúes y budistas hablan sobre el desapego, se refieren a fluir con todo lo que te rodea y no resistirse a los cambios.

Si lo haces, puedes darte el lujo de fluir con todo, de mezclarte con la vida, de enamorarte e involucrarte en todo tipo de cosas. Puedes darte el lujo *si* sabes que es una ilusión, y aquí es donde la palabra *maya* es crucial. Sí, *maya* significa «ilusión», pero también significa magia, arte, delineación y medición. Las palabras en inglés para «materia» y «material» están relacionadas con la palabra «maya», pero cuando utilizamos la palabra «material» hoy en día nos viene a la mente algo muy real, en ningún caso algo ilusorio. Bueno, podríamos decir que la medición es ciertamente una ilusión, porque no encuentras centímetros por ahí ni tampoco puedes ir recogiéndolos. Los centímetros, los gramos, los euros y las horas son en realidad imaginarias, al igual que el yo. El yo real no es material, no tiene ninguna importancia ni su existencia tampoco tiene ningún propósito; no necesita existir para ningún propósito. ¿Cuál debería ser su propósito? Así pues, lo más importante en el universo es lo único que no importa, lo único que es total y completamente inútil y que nadie puede encontrar.

Una vez le preguntaron a un maestro zen: «¿Qué es lo más valioso en el mundo?». Y él respondió: «La cabeza de un gato muerto». ¿Por qué? Porque nadie puede ponerle precio. Así que el yo (el Brahman) es como la cabeza de un gato muerto. Pero si crees que debes salir ahí fuera y hacerte con una cabeza de un gato muerto porque hay algo espiritual en él y puede ser muy beneficioso para ti, entonces estás vendiendo la leche antes de ordeñar la vaca. Si quieres encontrar tu yo interior para ser mejor persona o ser más querido o más útil en la sociedad, eso es como intentar que la cola agite al perro. Conocerse a uno mismo (al Brahman) no le hace ningún bien a nadie si ese alguien intenta sacarle provecho. Pasa lo mismo cuando te relajas y empiezas a jugar a algo mientras piensas: «Esto me irá muy bien, estoy haciendo ejercicio. También estoy descansando un poco del trabajo y eso también es bueno, porque así luego trabajaré mejor». Los estadounidenses en particular se obsesionan mucho con eso; todo lo que hacen lo hacen por alguna razón en concreto, y ésa es la conciencia protestante. No obstante, la acción de jugar se hace para uno mismo, por pura diversión, y el yo (el *atman,* el Brahman) existe por y para la diversión.

Trabajar es algo muy serio. Es aquello que haces por un motivo, porque crees que tienes que seguir viviendo. Tienes que trabajar para sobrevivir porque piensas que debes sobrevivir. Pero no tienes ninguna necesidad, todo no tendría por qué seguir, aunque precisamente por eso sigue. Sé que parece paradójico, pero piénsalo. La vida está llena de ejemplos como éste: si intentas impresionar a alguien, por regla general no lo vas a conseguir. Si te esfuerzas excesivamente en algo, normalmente terminas saliéndote mal. Así pues, el yo que hay detrás del mundo está involucrado en el juego, y por eso se dice que Brahman en realidad no se *convierte* en el mundo; Brahman lo que hace es *jugar* a ser el mundo, y eso es muy distinto a *trabajar en él.*

Ten en cuenta que, aunque he utilizado las palabras *uno* y *central* para referirme al yo, los hindúes no utilizan el mismo lenguaje a no ser que sea poéticamente. El yo no es uno, sino que se refieren a él sin dualidad. Lo opuesto a uno son muchos o ninguno, por lo que no puedes denominar al yo como uno porque la idea en sí es exclusiva y el yo no excluye a nada. *Advaita* (la no dualidad) se supone que es un tipo de unidad totalmente incluyente. Si dibujas un objeto tridimensional en una hoja de papel bidimensional, el espectador verá el objeto en tres dimensiones debido a la perspectiva desde un único punto, pero no deja de ser una ilusión: la tercera dimensión no se puede plasmar sobre una superficie plana. De manera similar, *Advaita* es una palabra que se utiliza específicamente para designar lo que yace más allá de todas las categorías de la lógica.

Estamos acostumbrados a utilizar la palabra *juego* en contraposición a la palabra *trabajo,* por lo que consideramos el juego como algo trivial y el trabajo como algo serio. Eso queda reflejado en nuestro lenguaje: «Sólo estás jugando conmigo». En inglés utilizamos también la palabra en un sentido no trivial: «¿Has oído a Heifetz tocar el violín?». En este caso *(play the violin)* hacemos referencia a una forma de arte elevada, pero sigue siendo un juego. Cuando filosofo (como estoy haciendo ahora) siento que lo que hago es entretener, pero me gustaría pensar que es parecido a escuchar a alguien tocar música hermosa. No estoy siendo serio, sino sincero. La diferencia entre la seriedad y la sinceridad es que la seriedad es un recurso que se utiliza para hablar en un contexto de posible tragedia. Si las cosas están yendo tremendamente mal, adoptamos una expresión de seriedad como si fuera un soldado en un desfile o alguien en un tribunal o en una iglesia. Todo es cuestión de vida o muerte, lo cual nos lleva a la siguiente pregunta fundamental: «¿Dios es serio?». Obviamente, la respuesta es «No». Por lo tanto, el yo superior no nos sirve de mucho ni tampoco tiene ninguna importancia. Todo trasciende los valores de mejor o peor, de arriba o abajo y de bueno o malo, y lo que hace es tejer el mundo de tal manera que el bien y el mal juegan a la par, como las piezas blancas y negras en un tablero de ajedrez.

Los niños juegan con una absoluta absorción y fascinación. Los matemáticos carecen por completo de seriedad: no les importa un comino si lo que hacen tiene alguna aplicación práctica o no, ellos lo que hacen es resolver rompecabezas de manera elegante. Los músicos componen melodías a partir de determinadas series de notas que tocan en los instrumentos. ¿Qué es lo que le gusta hacer a cualquier grupo de gente cuando no tiene nada que hacer? Por lo visto, la gente se reúne y hace alguna actividad que implique ritmo: bailar, cantar y jugar. Incluso al jugar a los dados se crea un ritmo maravilloso al sacudir el cubilete y tirarlos sobre la mesa, o cuando repartimos las cartas en el póquer, o cuando tejemos o cuando respiramos. Hay muchas maneras fascinantes de experimentar el ritmo. Nuestra propia existencia es ritmo: despertar, dormir, comer, moverse. ¿Por qué hacemos todo eso? ¿Realmente significa algo? ¿Nos lleva a algún sitio? En esencia, el mundo es un juego.

Cuando examinas la vibración, particularmente si percibes la vibración como un movimiento ondulante, te das cuenta de algo muy peculiar: no existe ninguna media ola. En la naturaleza nunca encontramos cimas sin depresiones o valles sin cimas. No se producen sonidos a menos que haya ritmos e intervalos entre ellos. Este fenómeno de las ondas está presente a muchos niveles (como la onda de luz fugaz o las ondas de sonido más lentas) y existen todo tipo de procesos diferentes de onda, como el latido del corazón, el ritmo de la respiración, el despertar, el dormir y el transcurso de la vida humana desde el nacimiento hasta la madurez y la muerte. Cuanto más lenta es la ola, más difícil es ver que la cima y la depresión son inseparables, y así es como terminamos jugando al escondite. Vemos que el descenso sigue bajando, bajando y bajando, y pensamos que seguirá así para siempre y que nunca volverá a subir hasta la cima. Nos olvidamos de que toda bajada implica una subida y de que la cima implica la depresión. No existe el sonido puro: el sonido es sonido y silencio. La luz es luz y oscuridad. La luz es pulsación, y entre cada pulso de luz hay un pulso de oscuridad.

Esta interacción se puede observar en la forma en que los hindúes calculan las unidades de tiempo, sirviéndose de los llamados *kalpas,* con una duración de 4.320.000 años. Ahora bien, no te lo tomes demasiado literal, porque es más bien una cifra simbólica o una referencia aproximada, en vez de tratarse de algún tipo de revelación divina en la que uno puede hacer predicciones y profecías. Por cada *kalpa* completado, el mundo se manifiesta, y en sánscrito a esto se le llama *manvantara.* Entonces es cuando el Brahman se esconde y da comienzo el juego del escondite, escondiéndose en todos nosotros y fingiendo ser nosotros. Una vez terminado este *kalpa* empieza otro: el *pralaya.* Es en este período cuando Brahman, por decirlo de algún modo, abandona su actuación y regresa a sí mismo en paz y felicidad. Esta idea tiene bastante lógica. ¿Qué harías tú si fueras Dios? Como bien saben todos los niños, no hay nada más divertido que salir de aventuras, jugar a ser quien no eres y crear ilusiones, es decir, patrones. Algunas veces, en el pensamiento hindú se representa el mundo como si fuera el sueño de una divinidad, y una divinidad con dos caras: una cara está sumida en un profundo sueño y la otra está despierta y liberada. En otras palabras, desde el punto de vista del yo (es decir, del yo superior), los dos *kalpas* que acabo de describir son simultáneos, pero para un público humano, el *pralaya* y el *manvantara* se representan en la mitología como si ocurrieran en orden.

Si se comprende esto, uno se da cuenta de que las referencias al *más allá* apuntan más correctamente hacia *dentro*, es decir, hacia un dominio más profundo que la consciencia egocéntrica. Cuando llegas al fondo de la consciencia egocéntrica y sus límites, de forma figurada acabas de llegar a su muerte. Luego te diriges hacia el interior del yo, más allá de la atención consciente, y por ese camino te diriges hacia dentro y hacia la eternidad. No vas más allá de la eternidad, porque ir más allá requeriría tiempo y cada vez más y más tiempo, mientras todo da vueltas y vueltas para siempre. Pero entrar allí es *entrar* en la eternidad.

Podríamos hablar entonces y metafóricamente del juego eterno del escondite en el que el yo juega consigo mismo. Se olvida de quién es para luego acercarse sigilosamente por detrás de sí mismo y sorprenderse con un: «¡Bu!». Y esto es muy emocionante. El yo finge que la cosa se pone seria como si fuera un gran actor encima de un escenario, y aunque el público sabe que lo que está viendo en el escenario no es más que una obra de teatro, la habilidad del actor los atrapa: lloran, ríen y se mantienen en vilo sin saber cómo terminará. Aun sabiendo realmente que se trata solamente de una obra de teatro, el público se involucra desde el primer momento. Lo mismo ocurre aquí: Brahman es un actor espectacular con una magnífica técnica interpretativa, tanto que logra engañarse a sí mismo y termina pensando que la obra es real. Todos somos Brahman interpretando nuestro papel y jugando al juego de los humanos de una manera tan espléndida que Brahman queda embelesado. Esto es lo que realmente significa un encantamiento o estar bajo la influencia de un cántico, hipnotizado, hechizado y fascinado. Y esa fascinación es el *maya*.

Una vez comprendido esto, pasemos a desglosar un único *kalpa*, que consiste en cuatro *yugas: yuga* significa «época». Los nombres de estas eras *(krita* [a veces llamado *satya], treta, dwapara* y *kali)* se basan en un juego de dados hindú en el que existen cuatro tiradas posibles. La mejor tirada es un cuatro y representa el *krita,* la primera era que dura 1.728.000 años. Nunca me acuerdo de las cifras exactas, por lo que, de nuevo, no te las tomes demasiado literalmente. La segunda mejor tirada es un tres, el *treta,* de aproximadamente unos 1.296.000 años. Luego tenemos el *dwapara* (864.000 años de duración), cuando en los dados sale un dos. Y finalmente el uno, el *kali,* la peor tirada de todas, y este *yuga* dura 432.000 años. Ya te vas dando cuenta de cómo funciona todo esto. Cuando todo se manifiesta por primera vez es magnífico, porque si pudieras soñar con lo que quisieras, probablemente empezarías soñando con lo más exquisito que hubiera. Pero cuando llegas al *yuga* de *treta,* te das cuenta de que algo no va bien. El *krita* tiene forma cuadrangular (el cuadrado simboliza la perfección desde la antigüedad) pero el *treta* es un triángulo. Algo falta, y allí es cuando la incertidumbre y el peligro entran en escena. Cuando llegamos al *dwapara,* nos encontramos con la misma intensidad de luz que de oscuridad (con la dualidad, el par), y cuando llegamos finalmente al *kali,* la fuerza de la oscuridad lo ha engullido todo.

Vamos a sumar estas cifras empezando con la parte «mala» de todo esto, es decir, un tercio del *yuga* de *treta,* la mitad del *yuga dwapara* y el *yuga kali* al completo. Si sumamos toda esta cantidad de tiempo observamos que la parte negativa figura prácticamente como un tercio de un *kalpa.* ¿Qué está pasando aquí? Bueno, ésta no es una visión del cosmos en la que el bien y el mal estén tan equilibrados que prácticamente no ocurra nada. Desde este punto de vista, el mal es lo bastante problemático como para convertirse en una amenaza, y es que se necesita cierto caos para que el orden pueda contrarrestarlo. Si el orden gana, se acabó el juego; si el caos gana, ya no se puede seguir jugando; si quedan igualados, se quedan en un punto muerto. En este caso, aunque el caos siempre vaya perdiendo nunca se deja derrotar; es un buen perdedor que hace que el juego no deje de ser emocionante. En el ajedrez, si juegas contra un oponente que siempre te derrota, al final tiras la toalla y dejas de jugar con él, pero de la misma manera también dejarás de jugar contra alguien que siempre pierde. No obstante, si se mantiene cierta incertidumbre sobre el resultado y algunas veces incluso ganas, entonces valdrá la pena jugar.

Vuelvo a repetir que todo esto es simplemente un simbolismo numérico. La mitología afirma que ahora nos encontramos en el *yuga kali* que comenzó un poco antes del año 3000 a.e.c., por lo que nos espera un largo camino por recorrer antes de que termine (si insistes en tomártelo literalmente). Naturalmente, hace ya tiempo que la gente dice que el mundo está en el *yuga kali*. Hay inscripciones egipcias de 6000 a.e.c., aproximadamente que describen como el mundo va en declive, y parece que la queja ha sido siempre ésta.

Hay otra cosa importante a considerar en esta mitología. Brahman se representa basándose en tres aspectos: Brahma, el principio creador, Vishnu, el principio preservador y Shiva, el principio destructor. El Shiva (siempre representado en las imágenes hindúes como un yogui) es de vital importancia aquí, porque es quien destruye y al mismo tiempo libera (rompe las cáscaras de los huevos para que las gallinas puedan salir, por ejemplo). Shiva se encarga también de abrir a las madres para que nazcan sus hijos. También es autor de actos deliberados de destrucción como las hogueras, y por eso los devotos de Shiva suelen meditar a lo largo de las orillas del Ganges donde se incineran los cadáveres. Es a través de la destrucción como la vida puede renovarse constantemente. La amante de Shiva se llama Kali y es mucho peor que él. Kali tiene la piel negra y posee una belleza inimaginable, aunque tiene la lengua larga y los colmillos afilados. En su mano derecha sostiene un sable curvo y en la izquierda sujeta una cabeza por el pelo. Kali es la más temida por la gran mayoría de gente: es lo peor de lo peor, la oscuridad exterior, el final, el principio de la noche absoluta, y a veces es representada como si fuera un pulpo chupasangre o una araña hembra comiéndose a su cónyuge.

Pero hay personas en la India (en Sri Ramakrishna, por ejemplo) que consideran a Kali como la diosa madre superior. Para ellos, Kali tiene dos caras: la alegre y la aterradora, la afable y la devoradora, la salvadora y la destructora. De esta manera, meditar en Kali te ayuda a vislumbrar el principio de luz en las profundidades de la oscuridad, y una manera de hacerlo personalmente es visitando un acuario y reflexionando sobre todos esos monstruos de las profundidades que más te incomoden. Meditar de esta manera es como abonar la tierra, porque de todos estos pensamientos aparentemente morbosos y lúgubres surge la luz. Los devotos saben también que Kali es el personaje más estrafalario que puede encarnar el yo superior y que simboliza la total alienación con uno mismo. Al igual que los niños pasan el rato compitiendo para ver quién puede poner la mueca más rocambolesca, a medida que pasa el tiempo las cosas van de mal en peor. Finalmente, cuando el *yuga* del *kali* termina, Shiva aparece completamente negro y con diez brazos bailando una danza conocida como tandava, lo cual provoca que todo el universo se vea destruido en llamas. Cuando Shiva se da la vuelta antes de salir de escena, descubres la cara de Brahma (el Creador) en la parte posterior de su cabeza. Y todo vuelve a empezar.

Estas ideas expuestas anteriormente son completamente desconocidas para Occidente, empezando por la visión del mundo como un juego. Nuestro Señor Dios en Occidente siempre muestra un posado serio y ninguno de los artistas cristianos famosos pintó alguna vez a Cristo riendo o sonriente. Siempre se ha caracterizado por ser una figura trágica con esa mirada en los ojos que dice: «Un día de estos tú y yo deberíamos reunirnos para hablar seriamente». Luego está la noción cíclica del tiempo. La mayoría de nosotros vivimos en una franja de tiempo lineal por la influencia de san Agustín y su interpretación de la Biblia. Durante un tiempo, en la erudición moderna se defendió que fue el judaísmo quien nos inició en la historia. Sin embargo, para la total exasperación de los historiadores, los hindúes no muestran ningún interés por la historia (o al menos no hasta estos últimos tiempos). No hay forma de encontrar evidencias textuales que indiquen la edad de la mayoría de las escrituras hindúes, porque éstas se centran solamente en los sucesos humanos como ocurrencias arquetípicas (como la repetición de grandes temas mitológicos). Si un documento empieza narrando una aventura en particular protagonizada por un rey en concreto (conocido por todos en ese momento), en la siguiente generación lo que hacen es cambiar el nombre del rey anterior por el del rey actual. Y simplemente cambiando el nombre de un rey por uno que todo el mundo conozca, la historia sigue siendo igualmente típica.

Por otro lado, según nuestros intelectuales, los judíos tenían una mentalidad histórica porque recordaban la historia de cuando descendieron de Adán y Abraham, del gran acontecimiento de la liberación de Egipto y del reinado victorioso del rey David. A partir de allí, las cosas van degenerando a medida que otras fuerzas políticas se vuelven cada vez más poderosas, y poco a poco la gente va interiorizando la idea de que llegará el día del Señor en que el Mesías vendrá, pondrá fin a la historia y restaurará el paraíso. Como ves, es lineal. No existe la idea de que el mundo haya sido creado muchas veces con anterioridad y ni de que ésta no sea la primera vez que llega a su fin. Hay un claro ascenso de principio a fin y de alfa a omega, y cuando san Agustín estuvo pensando en ello se percató de que el tiempo cíclico no funcionaría en el cristianismo; eso significaría que Jesús tendría que ser crucificado para la salvación del mundo una y otra vez. A lo que ellos llaman el sacrificio único, completo, perfecto y justo, esa ofrenda y satisfacción por los pecados de todo el mundo, no podía concebirse así. Con una vez ya es suficiente.

Evidentemente, Agustín confundió sus jerarquías. Es cierto que sólo puede haber un único sacrificio, pero a nivel de la eternidad; a nivel del tiempo, aquello que es eterno puede repetirse una y otra vez. No obstante, nosotros hemos heredamos el concepto de tiempo lineal, por lo que siempre pensamos en una progresión que nos llevará de manera constante y más rápida a un mundo cada vez más perfecto. A mi parecer, ésta es una visión bastante ingenua de la naturaleza humana.

Los humanos tienen cierta tendencia a destrozar todo lo que crean y después decir: «Volvamos a construirlo todo de nuevo». No creo que sea muy realista pensar, entonces, que los seres humanos serán cada vez mejores y mejores, porque seguramente llegará un punto en el que se cansarán de todo y decidirán comportarse de la peor manera posible. Ese elemento existió, sin duda, en el nazismo: ¿Qué es lo peor que puedes llegar hacer? ¿Hasta qué punto puede llegar tu nivel de brutalidad? ¿Cuán destructivo podrías llegar a ser? Dentro de cada uno de nosotros hay un elemento representado por el Shiva Kali que siempre está ahí, y los hindúes, de esta manera, ven el mundo con un realismo durísimo: ven el terror y magnificencia y el amor y la furia como si fueran dos caras de la misma moneda. Podrías reflexionar sobre esto y preguntarte si sería posible alcanzar a algún tipo de paz, porque estos ciclos siguen y siguen y siguen sin fin. Incluso los hindúes a veces se preguntan si Brahman no se ha llegado nunca a cansar de todo. Pero no es así, porque sólo puedes llegar a cansarte de aquello que recuerdas y, como el yo no entiende de tiempos, Brahman no tiene la necesidad de recordar nada. Sólo existe un presente eterno.

El secreto para despertar de esta obra teatral (de todos estos ciclos interminables) es darse cuenta de que lo único que existe es el presente, y que éste es el único momento que hay. Y cuando te des cuenta, se acaba el aburrimiento y ya puedes liberarte de los ciclos, y no en el sentido de hacerlos desaparecer, sino de no seguir en ellos. Bueno, seguir sigues en ellos, pero te das cuenta de que no van a ir a ninguna parte. Ni siquiera intentarás ir más rápido para llegar antes al final de todo porque, como en la música, cuando escuchas una canción, tu propósito no es llegar al final, sino sentarte, relajarte y dejar que el sonido fluya. Podrás apreciar cada pequeño detalle de la vida de manera distinta y totalmente nueva, y te encontrarás diciendo: «¡Anda! ¡Mira esto!». Al vivir realmente el aquí y ahora, los ojos se abren con asombro.

Capítulo 14

Los jugadores y los no jugadores

No venimos con el yo, sino que procedemos del yo. Solemos decir: «Llegué a este mundo», como si viniéramos todos de otro lugar, de algún lugar exterior; pero no es así. Crecemos a partir del mundo, del mismo modo que las hojas crecen de un árbol. Somos una expresión del mundo y una expresión del yo; la base y el fundamento de todo lo que es esencial. Pasemos ahora a hablar del mundo humano como el yo.

En la historia que conocemos sobre la humanidad ha habido tres tipos de culturas. Me referiré a ellas como la cultura de la caza, la agraria y la industrial. Primero existieron las culturas de caza y luego las culturas agrarias, aquellas que se originaron cuando los cazadores se asentaron en ciertas áreas y aprendieron a cultivar, formando así las comunidades establecidas. En la transición de una cultura de cazar a una cultura con una forma de vida agraria, ocurren dos cambios muy importantes. En primer lugar, en una cultura de caza todos son expertos en esa cultura en general: pasan mucho tiempo solos en el bosque y en colinas y llanuras, por lo que saben confeccionarse su propia ropa, cocinar, construir estructuras, pelear, andar y todo tipo de cosas. Pero cuando las personas se instalan en comunidades, el trabajo se empieza a dividir, porque cuando se vive en comunidad es más práctico que ciertas personas se especialicen en determinadas tareas y otras personas en otras.

En segundo lugar, las culturas de caza y las culturas agrarias difieren mucho en cuanto a religión. En una cultura de caza, la figura religiosa principal es el chamán, y el chamán es un individuo extraño. Con extraño no me refiero a raro o estrambótico, sino más bien a un sentido antiguo de la palabra que implica cierta magia. Un chamán es alguien con una sensibilidad peculiar que se inicia en el chamanismo adentrándose en solitario y durante un largo período de tiempo en las profundidades del bosque o yendo a lo alto de las montañas. En este aislamiento, el chamán alcanza un dominio de la consciencia que hemos llamado de mil formas: el mundo de los espíritus, los antepasados, los dioses, etc. Este conocimiento que adquiere el chamán sobre ese mundo le otorga ciertos poderes de sanación, profecía y magia. Lo principal que hay que tener en cuenta sobre los chamanes es que se inician en el chamanismo por voluntad propia; en otras palabras, no reciben su poder o autoridad de ninguna orden religiosa ni de ningún gurú. Por otro lado, la figura religiosa de la comunidad agraria es el sacerdote, y siempre recibe su poder a través de una comunidad de sacerdotes o de un gurú en particular; en otras palabras, de la tradición. La tradición es de suma importancia en la comunidad agraria.

Como no podría ser de otra manera, las primeras comunidades fueron lugares vallados. Se utilizaban vallas para establecer los límites, por lo que comúnmente hablamos de personas que están dentro o fuera de los límites. Estas comunidades primitivas en recintos vallados se establecieron a menudo en encrucijadas por razones obvias; ahí era donde se cruzaban los caminos y la gente se encontraba. Así pues, estas comunidades solían tener cuatro puertas en las calles principales que dividían en seguida la ciudad en cuatro. Por muy extraño que parezca, en la sociedad hindú existen cuatro castas basadas en las cuatro divisiones básicas en las que se divide el trabajo: el Brahmana, la casta de los sacerdotes, el Kshatriya, la casta de gobernantes y guerreros, el Vaishya, la casta de mercaderes y comerciantes, y el Sudra, los trabajadores. Éstos son los cuatro roles principales en el mundo de la humanidad estable.

Cuando entras a formar parte de la sociedad, naces en una de estas cuatro castas, lo cual es comprensible en una comunidad sin un sistema generalizado de educación que te invite a considerar la idea de poder llegar a ser quien tú quieras. En una sociedad de castas, si creces siendo el hijo de un carpintero, nunca se te pasará por la cabeza dedicarte a otra cosa que no sea la carpintería, ¿qué motivo tendrías para hacerlo? Puede que llegues a ser *mejor* carpintero que tu padre, pero nada más, porque este tipo de vida es una vida normal para ti, no tienes nada que objetar. Por supuesto, con el tiempo (como pasó en la India) este tipo de sociedad se va complicando cada vez más, y van apareciendo rituales y prohibiciones que hacen que el sistema se vuelva rígido, injusto y engorroso.

Aparte de eso, cuando creces en un tipo de sociedad como ésta, a medida que te desarrollas dentro de tu casta sufres también una evolución. Comienzas siendo un estudiante o aprendiz (un *brahmacharya)* y al final terminas convirtiéndote en cabeza de familia, la etapa del *grihastha*. El cabeza de familia tiene dos deberes: el *artha*, el deber de participar como ciudadano en la vida política de la comunidad, y el *kama*, que consiste en cultivar los sentidos de la belleza estética y sensual (las artes del amor, el embellecimiento, la vestimenta, la cocina y todo ese tipo de cosas). Así, el *Kama Sutra* es la escritura sobre el amor, el gran manual hindú sobre las artes eróticas. Todos los niños al llegar a su etapa de la pubertad deben leer el *Kama Sutra* para tener una idea de cómo hacer el amor sin actuar como un mero babuino. Luego está el *Arthashastra*, la escritura de la casta Kshatriya. Pero para todas las castas, más allá de la etapa del jefe de familia, también está el deber del *dharma*, una palabra con múltiples significados en sánscrito: ley, justicia, corrección y método. Cuando hablamos, entonces, del Buddha-dharma (la doctrina de Buda), esa palabra se interpreta como «método» y no «ley». En cualquier caso, los ciudadanos en este tipo de sociedad tienen que conformarse con el *dharma,* es decir, con el ritual, la ética y las reglas morales de juego que tenga la comunidad.

Ahora bien, cuando una persona pasa por todas estas etapas y lleva a cabo todas sus obligaciones y el hijo mayor asume su cargo como el cabeza de familia, el padre o la madre entran entonces en una nueva etapa de la vida: el *vanaprastha,* que significa «habitante del bosque». ¿Te das cuenta de lo que está pasando aquí? Salimos del bosque como cazadores, nos establecemos en una comunidad y acatamos las reglas sociales de este mundo que se convierten en nuestro *dharma* o nuestro deber. En la antigüedad, una vez que cumplías con estos deberes, sí que salías realmente al bosque y te convertías, de entre todas las cosas, en un *sramana* (un término, según se cree, relacionado con la palabra *chamán).* Así pues, el individuo jugó al juego del mundo y luego partió solo para descubrir quién era en realidad.

La concepción que tienes de ti mismo es parecida a la de un rol o una máscara, porque otras personas te van diciendo cómo eres. En cada interacción social, le estamos haciendo saber constantemente a la otra persona quién es a través de nuestros comentarios más habituales. Todo se resume en eso. La forma con la que yo actúo hacia ti y la forma con la que tú actúas hacia mí nos hacen saber quién soy yo y quién eres tú. Al leer estas palabras o al escucharme hablar, me convierto en una especie de maestro mientras que tú pasas a considerarte a ti mismo como el estudiante. En el trabajo, en el hogar o sea donde sea, todos los que te rodean están constantemente describiendo tu forma de ser con el solo hecho de esperar ciertos comportamientos de ti, y si tú eres una persona razonable y sociable reproducirás estos comportamientos, porque eso es lo que se espera de ti.

Por esa razón, el *sramana* o *vanaprastha* primero practica el *mauna,* un voto de silencio que puede durar meses o incluso años. Una vez transcurrido aproximadamente un mes desde su inicio, dejas de pensar en palabras, y esto resulta muy curioso, porque, al dejar de clasificar y codificar el mundo a través de pensamientos, todos tus sentidos adquieren una intensidad tremenda: los atardeceres parecen increíblemente más vívidos y las flores tienen mucho más encanto. Llegados a este punto, el nuevo *vanaprastha* buscará a un guía o un gurú experimentado en la disciplina del yoga, porque si no podría perder toda discriminación moral y meterse en problemas. Por eso, cuando un gurú acepta a un estudiante, se suele decir que el gurú se vuelve responsable del karma de esa persona: el karma significa «acción» pero también «reacción». De esta manera, el nuevo *vanaprastha* consigue deshacerse de cada rasgo que podría identificarle como alguien en particular: olvidan su nombre, se ponen por encima una especie de túnica amarilla, o un trapo en la cintura o van simplemente desnudos, y a menudo cubren sus cuerpos con ceniza y van con el pelo enredado. Ya no se preocupan como antes de su aspecto, porque ahora están fuera de los limites.

He aquí un maravilloso microcosmos, una analogía política y social de la manifestación y el abandono de los mundos, del yo que juega a ser todos nosotros y luego, cuando el individuo alcanza el *moksha,* el yo se da cuenta de que es el yo. Hay cuatro castas, como también había cuatro *yugas* en el ciclo del *kalpa.* No obstante, el estado evolutivo del *vanaprastha* es un estado evolutivo superior al de una persona procedente de una cultura de caza, que sería primitivo; el *vanaprastha* no está volviendo simplemente a su lugar de origen, sino que se ha movido en espiral hasta llegar a una posición equivalente, pero a un nivel superior. Lo que ha ganado en el proceso ha sido autoconciencia. Como ves, no ser feliz y no saberlo no aporta ningún tipo de diversión; necesitamos cierta resonancia. La autoconciencia es un eco en nuestras cabezas, un eco de lo que hacemos y sin el cual no seríamos conscientes de nuestras acciones. Así pues, la autoconciencia es una resonancia neurológica.

Sin embargo, la resonancia puede causar problemas si no funciona adecuadamente, como sería la repetición indefinida de ecos. Si entras en una cueva que sea bastante grande en cualquier lugar y gritas: «¡Hola!», el «hola» se repetirá indefinidamente en la distancia. Esto puede resultar bastante confuso, y es éste el tipo de gruñido en el que la autoconciencia puede verse inmersa y a lo que llamamos ansiedad.

Cuando pienso y pienso una y otra vez: «¿Habré hecho lo correcto?», es decir, si estoy constantemente consciente de mí mismo de manera ansiosa y crítica, mi resonancia se vuelve demasiado alta y como consecuencia me empiezo a sentir confuso y nervioso. Pero si descubres que la autoconciencia tiene límites y que no te permite ser libre de cometer errores, entonces puedes aprender a ser espontáneo a pesar de ser consciente de ti mismo. De esta manera podrías disfrutar del eco.

Después de desarrollar la autoconciencia a lo largo de sus vidas, los *vanaprastha* vuelven a convertirse en niños avivando lo que Freud decía que tenía un niño al principio: un «sentimiento oceánico» de ser uno con el universo. El *vanaprastha* lo recupera, aunque ya no es el sentimiento oceánico de un niño, sino más bien el sentimiento oceánico de un adulto. Los psicoanalistas no discuten esta idea porque, según ellos, todos los sentimientos oceánicos son regresivos. Pero la diferencia entre un sentimiento oceánico en su madurez y un sentimiento oceánico inmaduro es la misma diferencia que hay entre un roble y una bellota. Puedes tener esta sensación de unidad total con el cosmos sin olvidar las reglas del juego de la sociedad con respecto a ti; en otras palabras, no tienes por qué olvidar tu dirección, tu número de teléfono y tu nombre de pila, puedes recordarlo todo *y* jugar cuando sea necesario, pero siempre sabiendo que se trata de un juego.

Entonces, ¿cómo puede un individuo darse cuenta de que es el yo universal? ¿De qué manera puede una persona que tiene la impresión de ser un individuo aislado y atrapado bajo su piel darse cuenta efectivamente de que es Brahman? Ésta, por supuesto, es una pregunta muy interesante. Propone un viaje al lugar donde ya estás. Ahora bien, también es cierto que quizás no sepas que estás ahí, pero lo estás. Si realizas un viaje hacia el lugar donde te encuentras ahora mismo, visitarás muchos lugares aparte del lugar donde ya estás, y quizás entonces te des cuenta, tras una larga experiencia, que ninguno de los lugares a los que has ido son el lugar que querías encontrar. Y se te podría ocurrir a ti mismo, se te podría ocurrir que ya estuvieras allí desde un principio. Ése es el *dharma* o «método», ya que prefiero traducir la palabra; ése es el método que todos los gurús y maestros espirituales utilizan fundamentalmente. Así pues, todos son unos embaucadores.

¿Por qué utilizar la palabra *embaucadores* para describirlos? ¿Sabías que es muy difícil sorprenderse uno mismo deliberadamente? Alguien tendría que hacerlo por ti, y por esa razón a menudo sueles necesitar un gurú o un maestro. Hay muchos tipos de gurús, pero entre los gurús humanos hay gurús cuadriculados y gurús que golpean. Los gurús cuadriculados utilizan las prácticas habituales para guiarte, mientras que los gurús que golpean utilizan medios muy poco convencionales y son, básicamente, unos granujas. Por otro lado, los amigos también pueden actuar como gurús, y luego están los gurús que no son personas y que pueden ser situaciones o libros. De todos modos, el objetivo de un gurú es mostrarles de alguna manera efectiva a aquellas personas que acuden a él que lo que, sin saberlo, están buscando es a ellos mismos.

En las tradiciones hindúes, darse cuenta de quién eres en realidad se llama *sadhana,* que significa «disciplina». El *sadhana* es aquella forma de vida que te permite escapar de la ilusión de ser simplemente un ego atrapado bajo tu piel. El *sadhana* proviene del yoga, que tiene la raíz sánscrita *yuj* (que significa «unir») y a partir de ella obtenemos las palabras en inglés *yoke* (yugo), *junction* (intersección), y *union* (unión). Estrictamente hablando, yoga significa «estado de unión», ese estado en el que el yo individual o *jivatman* descubre finalmente que es el *atman,* y el yogui es aquel que ha logrado esa unión. Pero normalmente la palabra «yoga» no se utiliza con ese sentido, sino para describir una práctica de meditación mediante la cual uno entra en un estado de unión y, en ese sentido, un yogui es un viajero o un explorador que se encamina hacia esa unión. Estrictamente hablando, por supuesto, no hay ningún método para llegar al lugar donde uno se encuentra. Por mucho que busques no encontrarás el yo, porque toda búsqueda implica la ausencia del yo, del yo superior, del Yo con mayúscula. Por lo tanto, buscarlo es repelerlo, y si practicas una disciplina para llegar a él sólo estás posponiendo la realización.

Hay una historia zen famosa sobre un monje sentado meditando. El maestro se acerca y pregunta: «¿Qué estás haciendo?», y el monje le responde: «Ah, estoy meditando para convertirme en Buda». Tras eso, el maestro se sienta cerca, coge un ladrillo y comienza a frotarlo, a lo que el monje le pregunta: «¿Qué estás haciendo?», y el maestro le responde: «Ah, estoy frotando este ladrillo para convertirlo en un espejo». Y el monje le dice: «Por mucho que frotes un ladrillo nunca podrás convertirlo en un espejo», a lo que el maestro responde: «Por mucho que practiques *zazen* nunca podrás convertirte en Buda». En Japón actualmente, esta historia no termina de agradar demasiado.

Supongamos que te dijera ahora mismo que eres el gran Yo, el Brahman. Aunque puedas llegar a simpatizar intelectualmente con esta idea, en *realidad* no lo sientes así. Intentarás buscar algún método para sentirlo, alguna práctica que puedas seguir para llegar allí, pero realmente no quieres sentirlo, te da pavor. Entonces decides iniciarte en alguna que otra práctica para poder posponer la realización y así sentir que te queda un largo camino por recorrer y que tal vez después de haber sufrido lo suficiente, puedas darte cuenta de que eres el *atman.* ¿Pero por qué lo posponemos? Porque hemos sido educados en un esquema social que nos recalca continuamente que para obtener algo debemos merecerlo, y que para poder obtener algo bueno primero debes pagar con el sufrimiento. Pero todo eso no es más que una mera posposición. En este mismo instante tenemos miedo de ver la realidad, porque si tuviéramos coraje (coraje de verdad) la veríamos enseguida, pero de pronto sentimos que no deberíamos tener ese tipo de coraje y que tenerlo no nos aportaría nada bueno. Al fin y al cabo, se supone que debemos sentirnos como un «pobrecito de mí» que tiene que trabajar, trabajar y sufrir para poder convertirse en alguien superior o grandioso como un Buda o un *jivanmukta,* como alguien liberado.

Puedes sufrir por ello. Se han inventado mil maneras de hacerlo: puedes disciplinarte a ti mismo, controlar tu mente y hacer todo tipo de cosas extraordinarias como beber agua por el recto o subir un cacahuete por una montaña solamente empujándolo con la nariz. Y de esta manera podrás adquirir todo tipo de habilidades, pero no tendrán absolutamente nada que ver con la realización del yo.

La realización del yo depende fundamentalmente de salir de él, como cuando alguien está actuando por alguna razón y le decimos: «Venga, déjalo ya». Algunas personas entonces dejan de actuar y se ríen, porque de repente se dan cuenta del ridículo que han estado haciendo.

Y éste es el trabajo del embaucador, del gurú, del maestro, cuyo objetivo es ayudarte a salir de él. Para lograrlo, el gurú te hará pasar por todo tipo de pruebas, y tal vez después de haberte sometido a suficiente disciplina, frustración y sufrimiento, finalmente lo abandones todo y te des cuenta de que estuviste allí desde el principio y de que no había nada que realizar desde el principio. Como puedes ver, el gurú es muy inteligente: ellos no salen a la calle a predicar ni a decirte que necesitas convertirte en eso o lo otro, sino que se sientan debajo de un árbol y esperan. Entonces la gente comienza a acercarse y a contarle sus problemas y proposiciones al gurú, y el gurú les responde y los reta de la forma que crea más apropiada para cada situación. Si tienes muy poca coraza y tu máscara puede caer fácilmente, el gurú utilizará el método más sencillo que consiste en decirte: «¡Sal de ahí, Shiva! Deja de fingir que eres este individuo de aquí. ¡Sé quién eres!». No obstante, la mayoría de gente tiene corazas muy resistentes y no responde a este método, por lo que el gurú tiene que inventarse otros métodos para romperlas.

Para poder entender el yoga, uno debería leer el *Yoga Sutra* de Patanjali, aunque hay muchas traducciones y no sabría decir cuál de ellas sería la mejor. Este sutra comienza así: «Ahora explicaremos qué es el yoga». Éste es el primer verso, y según los comentaristas, en este contexto el «ahora» hace referencia a que, supuestamente, ya deberías tener ciertas nociones previas. Más específicamente, se supone que antes de iniciarte en yoga lo que eres es un ser humano civilizado que supuestamente domina las disciplinas del *artha*, el *kama* y el *dharma*.

También se supone que te has involucrado en política, en las artes de la sensualidad y la justicia antes de poder empezar a practicar el yoga. El siguiente verso es «Yogash chitta vritti nirodha» («El yoga es el cese de las revoluciones de la mente»), y esto puede significar muchas cosas: que detiene las ondas de la mente, que logra que la mente quede en reposo, que dejas de pensar por completo o incluso que elimina todo lo que hay en la mente. ¿Cómo puedes hacer eso? El sutra te muestra a continuación los siguientes pasos: el *pranayama,* el *pratyahara,* el *dharana,* el *dhyana* y el *samadhi.*

Pranayama significa controlar la respiración; *pratyahara* hace referencia a la concentración preliminar; el *dharana* es una forma más intensa de concentración; *dhyana* (el mismo *dhyana* del que proviene la palabra zen) significa unión profunda entre sujeto y objeto; y luego está el *samadhi,* la realización de la conciencia no dualista. ¿Te das cuenta de lo que significa todo esto? Primero aprendes a controlar tu respiración, y la respiración es algo bastante extraño porque puede considerarse una acción tanto voluntaria como involuntaria; puedes sentir que respiras, pero también puedes sentir que la respiración hace que respires. En el yoga encuentras todo tipo de formas sofisticadas de respiración bastante entretenidas de practicar, ya que pueden llegar incluso a un estado eufórico. Así pues, este sutra te presenta todo tipo de trucos y, si eres astuto, llegados a este punto empezarás a darte cuenta de ciertas cosas.

Si no lo eres mucho, en cambio, tendrás que trabajar más la concentración y aprender a concentrar la mente en un solo punto. Ahora bien, hacerlo puede resultar una tarea absolutamente fascinante, y una manera de probarlo es la siguiente: hazte con alguna superficie brillante y pulida (como, por ejemplo, cobre, vidrio o algo parecido) y focaliza tu atención en algún reflejo de luz que puedas detectar por encima. Ahora fíjate en él y desenfoca tu visión para que este punto brillante parezca borroso, como un círculo confuso, y entonces aparecerá un patrón definido de desenfoque y te lo pasarás en grande observándolo. Luego, cuando vuelvas a enfocar la vista, fíjate en una luz que tenga cierta intensidad y profundiza en ella, como si te absorbiera un embudo con una luz intensa al final. Sumérgete más, mucho más, y te darás cuenta de lo apasionante que es esta experiencia.

Te encuentras inmerso en este tipo de práctica cuando, de repente, el gurú te despierta y te dice, «¿Por qué estás mirando esa luz?». Tú tartamudeas algo sobre querer saber quién eres realmente porque vivimos en un mundo en el que nos identificamos con el ego, y eso siempre nos termina metiendo en problemas y haciéndonos sufrir. Y el gurú te pregunta «¿Y eso a ti te da miedo?», a lo que tú respondes «Sí». Entonces el gurú concluye que lo único que estás haciendo es practicar yoga por miedo, y que lo que estás haciendo es, simplemente, escapar y salir huyendo. ¿Hasta qué punto crees que puedes despertar a través del miedo? Entonces piensas: «Bueno, ahora debería practicar yoga, pero no por miedo».

Mientras tanto, el gurú permanecerá observándote todo el tiempo. Son personas muy sensibles y saben exactamente lo que estás haciendo y cuál es tu verdadera motivación y, por esa razón, te exigen un motivo puro que implique un control profundo de tus emociones. De ese modo intentas no tener pensamientos impuros, intentas una y otra vez reprimir todos los pensamientos impuros que puedas, y llega un día en el que el gurú te pregunta: «¿Por qué reprimes tus pensamientos? ¿Por qué lo haces?». Y así es como descubres que, al intentar conseguir una mente pura, tu motivación se vuelve impura. La motivación sigue siendo la misma que antes, y es que desde el principio tuviste miedo y por eso intentaste ganarle al universo.

Finalmente te das cuenta de lo descontrolada que está tu mente y que sólo puede ir en círculos. Cualquier esfuerzo que intente hacer para salir de la trampa la mantendrá más segura en ella, al igual que cada paso hacia la liberación significará aferrarse aún más. Empezaste con melaza en una mano y plumas en la otra, y el gurú te hizo juntar ambas manos para luego hacerte despegar las plumas, y cuanto más lo intentaste menos lo conseguiste. Mientras tanto, a medida que te involucras más y más en este curioso proceso, el gurú va evaluando tu progreso. «Hoy has alcanzado la octava etapa, felicidades. Ahora sólo te faltan cincuenta y seis etapas más». Y cuando llegas a la etapa sesenta y cuatro, el gurú sabe cómo darle la vuelta a todo y alargarlo aún más; y tú siempre permanecerás con la esperanza de obtener ese algo, como si fueras a ganar un premio, un puesto de trabajo importante o una gran distinción para finalmente ser *alguien*. Ésa fue tu motivación desde el principio, sólo que en ese caso es una motivación muy espiritual; no esperas un reconocimiento por parte de este mundo, sino un reconocimiento por parte de los dioses y los ángeles. Es lo mismo, pero en un nivel superior.

Así pues, el gurú sigue utilizando todos estos señuelos con el alumno y éste sigue mordiendo el anzuelo, hasta que finalmente el alumno se dará cuenta de que lo único que está haciendo es dar vueltas y más vueltas en una jaula de ardillas. Es decir, el alumno va progresando cada vez más, pero sin llegar a ningún lado. Y así es como el gurú te engaña y hace que te percates del engaño a través de todos estos métodos, hasta que finalmente descubres que tú (como ego o como llames normalmente a tu mente) estás hecho un desastre. Simplemente no puedes conseguirlo, y seguirás sin poder conseguirlo por muchos medios que te ofrezcan. Ahora sí eres capaz de concentrarte, pero descubres que te has estado concentrando por una razón equivocada y no hay forma de que puedas hacerlo por la razón correcta.

Krishnamurti era un gurú muy inteligente y le hacía precisamente esto a la gente. A principios del siglo xx, el místico G. I. Gurdjieff también lo hizo, aunque de otra manera diferente: les dijo a sus alumnos que se miraran constantemente y que no se distrajeran bajo ningún concepto. Los maestros japoneses de espada también hacen lo mismo: su primera lección se basa en estar siempre alerta, constantemente, porque nunca saben dónde o cuándo se producirá el ataque. Y bien, ¿sabes lo que ocurre cuando tratas de estar siempre alerta? Que *piensas* en estar alerta y dejas de estar alerta, y eso hace que te conviertas irremediablemente en una presa para el enemigo. El truco está en simplemente estar despierto y relajado, porque es entonces cuando todas tus terminaciones nerviosas se ponen en funcionamiento, y así, cuando llegue el ataque, estarás preparado. Los grandes maestros comparan este estado de la mente con el del agua en un barril: el agua está allí, en el barril, y tan pronto como se abre un agujero, el agua simplemente sale; no necesita pensar. Del mismo modo, cuando la mente se encuentra en un estado óptimo está preparada para dar una respuesta hacia cualquier dirección sin tener que experimentar ninguna sensación de tensión o ansiedad. En el momento en que algo sucede la mente está allí, porque no ha habido nada que se lo impidiera, como sería, por ejemplo, tener que regresar desde la dirección opuesta para responder a un ataque. Si estás preparado para que el ataque venga de allí, y resulta que viene de aquí, tienes que alejarte de allí y venir aquí, pero para entonces ya es demasiado tarde. Así que quédate en el medio y no esperes que el ataque venga de ninguna dirección en particular.

En el yoga puedes estar atento, concentrado y alerta, pero lo único que te enseñará es aquello que no debes hacer: usar la mente. Es como ir a dormir, es algo que tienes que dejar que fluya, y en ningún caso podrás intentar dormirte. Con la digestión de la comida ocurre lo mismo: no puedes intentar digerir la comida. Así pues, la liberación también es algo que debes dejar fluir, y cuando descubras que no hay forma de forzarlo, quizás entonces dejes de intentarlo. Pero la mayoría de la gente no piensa así. Dirán: «Eso a mí no me funcionará porque estoy poco instruido. Sólo soy un "pobrecito de mí" que sin esfuerzo no conseguiré nada». Conozco a personas que piensan que para poder ir de vientre tienen que luchar y esforzarse, porque si no lo hacen no podrán conseguirlo. Pero todo esto se basa en la falta de fe y en lo poco que confiamos en la vida. ¿Cómo puedes hacer que las personas confíen en la vida? Tienes que engañarlas. Como no se atreven a saltar al agua necesitan que alguien venga y los empuje; y si no quieren que los empujes se apuntarán a clases de buceo, leerán libros sobre buceo, realizarán ejercicios preliminares o se quedarán al borde del trampolín y preguntan cuál es la postura correcta para saltar, hasta que alguien venga por atrás, les dé una patada en el culo y los tire al agua.

Hay una astucia muy sorprendente que puede encontrarse en todo el dominio del yoga y la práctica espiritual que realmente te sorprenderá. Uno de los juegos consiste en encontrar un pequeño defecto en ti, y es algo que realmente funciona porque todos tenemos un lugar en nuestro interior que nos tambalea y algo de lo que nos avergonzamos. A veces pensamos que los demás pueden percibirlo y que pueden ver como en el fondo somos seres horribles. Esto puede apreciarse en la competencia religiosa. Si suponemos que has estado yendo durante varios años a terapia y te encuentras con unos católicos, ellos te dirían algo así como: «Bueno, toda esta terapia está muy bien, por supuesto, pero no es suficiente». Si ahora fueras católico y te dirigieras a un grupo de budistas, ellos te dirían: «Sí, el catolicismo enseña algunas virtudes básicas, pero no profundiza en el interior de las cosas ni tampoco tiene un sistema elaborado de meditación como el nuestro». Si fueras budista y visitaras a un grupo de hindúes, ellos te dirían: «El budismo está muy bien hasta cierto punto. Pueden alcanzar un nivel muy alto de realización, pero hay algo mucho más elevado que desconocen». Y encontrarás ejemplos como éstos por todo el mundo, en los que todos afirman tener esa pequeña esencia especial que los demás no tienen.

¿Qué está pasando aquí? ¿Son todos unos farsantes? ¿Acaso están todos conspirando para que te unas a ellos y formes parte de su sociedad? A veces sí, pero otras veces sólo te están poniendo a prueba para ver si caes en su trampa, y a eso se le llama *upaya* o «método hábil». Si te dejas llevar por esa pequeña esencia que los hace especiales y que parece tan fácil de conseguir, entonces has caído; o más bien te has metido tú mismo en todo eso y ahora tendrás que trabajar en esto y lo otro y así sucesivamente hasta que te das cuenta de que te están poniendo en ridículo. Y te estaban poniendo en ridículo precisamente porque tú te estabas dejando poner en ridículo. Pero tú aún no has llegado allí, aún no has tenido el valor de ser tú ni de ser el yo, porque siempre has tenido esa sensación de que podía existir algo más allá, algo más, algo superior o mejor. Por esa razón, grupos como los masones tienen tanto éxito: con sus treinta y tres grados puedes pasarte toda tu vida subiendo esa escalera, y cuantos más grados, mejor. Algunos grupos tienen cientos de grados y un éxito abrumador, porque eso te permite posponer tu liberación indefinidamente. Pero cuando la alcanzas, todo sucede en un instante, y por más que le dediques treinta años de práctica o tres minutos seguirá sucediendo en un instante, y estaremos hablando exactamente de la misma liberación.

Volvamos al *vanaprastha,* aquella persona en la sociedad hindú que ha jugado su rol social durante toda su vida y ahora se dedica a descubrirse a sí mismo. En realidad, este descubrimiento era algo que se permitía con mayor libertad en la sociedad occidental medieval, que veneraba y alentaba a los ermitaños, monjes y monjas de varios tipos. En la India no podías pasar de una casta a otra, mientras que en la sociedad europea era más fácil conseguirlo, lo único que tenías que hacer era alfabetizarte (clérigo simplemente significa «persona alfabetizada»). Podrías nacer como un siervo, unirte a un monasterio, aprender a leer y a escribir y convertirte en sacerdote o incluso en arzobispo. Era la única forma de pasar de una casta a otra, y mediante la alfabetización, nuestro sistema de castas finalmente comenzó a desmoronarse a medida que elegíamos nuestra propia vocación y no simplemente seguíamos los pasos de nuestros padres.

No obstante, la sociedad contemporánea no fomenta el abandono de tu rol en la sociedad. La Iglesia Católica y algunas otras instituciones religiosas apoyan a los ermitaños y monásticos, pero son una gran minoría. Si quieres abandonar este juego social de forma individual, antes tendrás que pasar por todo tipo de dificultades, y si al final lo consigues serás visto como un consumidor adverso y pobre. Algunas personas abandonan la universidad porque piensan que es una pérdida de tiempo (los llamamos *beatniks),* y eso a los ciudadanos en sí no le hace mucha gracia. Estos desertores no tienen el tipo de coche que deberían tener, por lo que el vendedor de automóviles del barrio no puede hacer negocio con ellos; tampoco tienen césped, por lo que nadie puede venderles cortadoras de césped; y tampoco es que utilicen mucho el lavavajillas u otros electrodomésticos, porque realmente no los necesitan. Visten tejanos y ropa por el estilo, por lo que a las tiendas de ropa les molesta tener a estas personas rondando por el barrio y viviendo con tan poco y de manera tan simple. Bueno, pues resulta que no puedes vivir así. Todos tenemos que vivir de una manera complicada, que implica, entre otras muchas cosas, tener que llevar un tipo de vehículo aceptado que nos identifique como una persona con sustancia, estatus y todo lo demás.

¿Qué problema hay en querer vivir a nuestra manera? Siempre hay una minoría considerable de personas en la sociedad que están más distanciadas de los demás, y son precisamente las sociedades más inseguras las más intolerantes con aquellos que quieren dejar de participar en el juego. En estas sociedades, la validez de sus reglas de juego les produce tal inseguridad que exigen la participación de todos. No obstante, eso da como resultado una contradicción, porque si le dices a alguien que debe jugar, entonces le estás exigiendo que haga algo que sólo haría de forma voluntaria. Así pues, el «todos debemos jugar» se ha convertido en una norma en Estados Unidos y en la mayoría de los gobiernos democráticos, y eso se debe a su fragilidad. Entonces representa que todos somos responsables, o al menos ésa es la teoría. Sin embargo, esto puede llegar a ser realmente aterrador; si todo el mundo puede supuestamente hacer o pensar lo que quiera, eso significa que todos estamos intranquilos, y por eso nos volvemos cada vez más conformistas. Un fuerte individualismo siempre conduce al conformismo. La gente se asusta, se reúne, se visten todos con la misma ropa y su atuendo se vuelve cada vez más aburrido y monótono.

La democracia, tal y como la concebimos hoy, empezó con mal pie. Nos servimos de las Escrituras cristianas para afirmar que todos somos iguales ante los ojos de Dios, lo que significa que todos somos *inferiores* ante los ojos de Dios. Eso es ciertamente una parodia del misticismo, porque, originalmente, el misticismo significaba que, desde el punto de vista de Dios, todas las personas somos divinas, lo cual es algo completamente diferente. Por esa razón, todas las burocracias nos resultan antipáticas, los policías son antipáticos, nos hacen esperar en fila para todo y nos tratan a todos como si fuéramos delincuentes. Una sociedad como ésta, que considera que todos somos inferiores, se convierte rápidamente en fascista por su miedo a que alguien quiera salir de su juego.

Una sociedad libre y pacífica admira a aquellas personas *no jugadoras* que viven de forma independiente, porque saben que aquella persona está haciendo lo que ellos no se atreverían a hacer por sí solos.

Este tipo de personas viven en las montañas, en la cima más alta de la evolución humana, y su conciencia se vuelve una con lo divino, y eso es simplemente fantástico. Tener a alguien así a tu alrededor te hace sentir un poco mejor, porque esa persona ha despertado y sabe de qué trata todo esto. Así pues, aunque no estén jugando a nuestro juego social, este tipo de personas son muy necesarias, porque le recuerdan al gobierno en términos inequívocos que hay algo más importante en juego. Por eso los reyes sabios mantenían a los bufones en la corte, porque el bufón le recuerda al rey que va a morir y que es tan mortal como él, y le hace saber también que hay fuerzas y dominios muy por encima de los reales. Pero eso es muy difícil de comprender para una democracia, porque genera inseguridad, y por eso, en nuestro mundo actual, es casi imposible abandonar tu país de origen. Como dijo Henry David Thoreau: «Por dondequiera que busques la soledad, los hombres te encontrarán y te obligarán a pertenecer en su grupo de extraños en busca desesperada de compañía».

SEXTA PARTE

EL MUNDO
COMO EL VACÍO

Capítulo 15

El método budista

El budismo es considerado a veces como el hinduismo despojado para su exportación, pero el hinduismo es mucho más que una religión, es toda una cultura: es un sistema social y legal que lo incluye todo, desde el protocolo y la vivienda hasta la comida y el arte. Los hindúes no hacen diferencia entre la religión y todo lo demás, sino que la consideran un campo más de la vida. Y cuando la religión y la cultura son inseparables, exportar el aspecto cultural resulta muy difícil porque entra en conflicto con las tradiciones establecidas, los modales y las costumbres de otras personas. Entonces, ¿qué elementos esenciales del hinduismo se podrían exportar? Cuando intentas responder a esta pregunta, la respuesta que obtienes es el budismo.

La esencia del hinduismo no es la doctrina ni la disciplina, sino el *moksha,* la liberación. Descubres que a cierto nivel eres una ilusión y a otro nivel eres lo que se llama el yo (ese yo que lo es todo), y el universo es el juego del yo juega al *escondite* por los siglos de los siglos. Cuando le toca esconderse, se esconde tan bien que pretende ser todos nosotros y todo lo demás, aunque nosotros no lo sabemos porque lo que hace es esconderse; pero cuando le toca pillar, se adentra en el camino

181

del yoga y, a medida que sigue por ese camino, finalmente se despierta y cae el velo de sus ojos.

De manera similar, lo único realmente importante sobre el budismo es la experiencia del despertar. *Buda* no es ningún nombre, sino un título que proviene de la raíz sánscrita que a veces significa «saber», aunque otro significado más preciso sería «despertar». A partir de esta raíz obtenemos el *bodi* (el despertar), por lo que Buda significa «aquel que ha logrado despertar». Así pues, aquella persona llamada Buda es sólo una de miles porque, según las creencias budistas, nuestro mundo es uno de entre miles de millones y los Budas van y vienen en todos los mundos. Sin embargo, de vez en cuando llega al mundo lo que se podría llamar un gran Buda, un Buda muy importante. El Buda histórico en nuestro mundo (el Gautama) fue uno de estos grandes Budas y, según se dice, fue el hijo de un príncipe que gobernó parte de Nepal en el año 600 a. e. c., aproximadamente. La mayoría de vosotros seguramente conozcáis la historia de su vida, pero lo fundamental aquí es saber que cuando en la India antigua se le llamaba Buda (o el Buda) a un hombre, ese título poseía una naturaleza muy elevada. Un Buda es considerado superior a todos los dioses y ángeles que, aun siendo seres elevados, todavía están atrapados en la rueda del devenir y en las cadenas del karma; siguen y seguirán dando vueltas en la rueda de la vida una y otra vez porque su deseo es existir, o, para decirlo en términos hindúes, porque el yo sigue jugando a no ser quien realmente es.

Así experimentó Buda su despertar: tras siete años de ascetismo extremo y después de llevar a cabo todo tipo de prácticas (ayunar, acostarse en camas de clavos, dormir sobre rocas desniveladas, etc.) para derribar el egocentrismo, desvincularse y librarse de su deseo de vivir, concluyó que todo fue en vano. Un día, Gautama rompió su disciplina y aceptó un tazón de leche de una niña que estaba cuidando el ganado. En ese momento, una tremenda relajación se apoderó de él, por lo que se dirigió hacia un árbol y se sentó debajo, y allí fue cuando se dio cuenta de que todo lo que estuvo haciendo le había llevado por el mal camino. No puedes pedirle peras al olmo, y por mucho empeño que pongas no conseguirás que una persona que está convencida de ser un ego se vuelva realmente desinteresada. Mientras sigas pensando y sintiendo que estás atrapado bajo tu piel y nada más, no podrás, bajo ningún concepto, dejar de comportarte de forma egoísta.

Puedes hacer ver que no eres egoísta, claro está, pero, aunque pases por todo tipo de formas refinadísimas de altruismo, todavía seguirás atrapado en la rueda del devenir por las cadenas de oro de tus buenas acciones, de la misma manera que las personas malas obviamente están atadas a ella por las cadenas de hierro de sus malas acciones.

Esto se puede manifestar de muchas maneras: desde personas espiritualmente orgullosas que creen poseer la única y verdadera enseñanza hasta aquellos que afirman ser los más tolerantes, inclusivos y acogedores. Pero eso no es más que un juego llamado *ser más tolerante, inclusivo y acogedor que todos los demás*. El ser egocéntrico se encuentra siempre en su propia trampa.

El Buda se dio cuenta de que todos sus ejercicios de yoga y disciplinas ascéticas habían sido tan sólo una forma de intentar salir de la trampa para salvarse y encontrar finalmente la paz en su interior. No obstante, se dio cuenta también de que eso era imposible, porque la motivación que había detrás arruinaba todo el proyecto. Entonces descubrió que la única trampa de la que debía salir era él mismo, y que la trampa y el atrapado eran el mismo, y cuando descubres eso dejan de existir más trampas. Como resultado de esta experiencia, Buda formuló lo que llamó el *dharma* o su método, y aquí es muy importante recordar que el método del budismo es dialéctico y que el Buda, por ende, no enseñó una doctrina como lo hicieron el cristianismo, el judaísmo o el islam. El budismo en sí es un discurso, y lo que la mayoría de las personas creen que son sus enseñanzas fundamentales son sólo etapas iniciales del diálogo.

El Buda formuló sus enseñanzas de tal manera que fueran muy fáciles de recordar: todas las escrituras budistas están llenas de trucos mnemotécnicos y todo está numerado de la manera más fácil posible.

El Buda propuso las Cuatro Nobles Verdades: *dukkha, trishna, nirvana* y *marga.* La más importante para él fue la primera, el *dukkha,* que significa «sufrimiento, dolor, frustración y enfermedad crónica», y es lo opuesto al *sukha,* que hace referencia a la felicidad, la alegría, el placer, etc. El problema que presenta el *dukkha,* pues, es el sufrimiento y el no querer sufrir, por lo que buscamos desesperadamente a alguien o algo que nos resuelva este problema. Entonces el Buda remarcó que no hay nada —absolutamente nada— en el mundo (en el mundo material, psíquico o espiritual) a lo que podamos aferrarnos y sentirnos seguros, y no sólo no hay nada a lo que agarrarse, sino que tampoco hay *ningún* yo con el que poder aferrarte a algo, y ésa es la enseñanza de *anatman* o del no yo. En otras palabras, todo lo que sea apegarse a la vida es como una mano ilusoria intentando agarrarse al humo, y si realmente lo interiorizas y ves que es así, no hará falta que nadie te diga que no debes intentar agarrarte a nada. Como puedes apreciar, el budismo no es en esencia moralista.

Los moralistas son aquellos que dicen a la gente que deberían ser generosos cuando aún se sienten como egos, y eso hace que los esfuerzos de los moralistas sean siempre en vano y que lo único que consigan hacer sea barrer el polvo debajo de la alfombra.

La segunda de las Cuatro Nobles Verdades, el *trishna,* contempla la causa del sufrimiento. Está relacionada con la palabra inglesa *thirst* (sed) y a menudo se traduce como deseo, anhelo, aferrarse, agarrarse o, para usar un término de la psicología moderna, bloquearse. Por ejemplo, cuando alguien se bloquea, vacila, duda y no sabe qué hacer, y en aquel momento está (en el más estricto sentido budista) apegados. En otras palabras, se estanca. Pero un Buda no se estanca ni se queda desconcertado, sino que siempre fluye como el agua y, aunque intentes detener el agua con una presa, ésta seguirá subiendo y subiendo hasta desbordarse. Según Buda, el *dukkha* proviene de *trishna,* es decir, sufrimos porque nos aferramos al mundo, y nos aferramos al mundo porque no nos damos cuenta de que el mundo es *anitya* (temporal) y anatman. Así pues, deberíamos intentar no aferrarnos a nada.

Pero esto nos plantea un problema. Un alumno que ha iniciado este diálogo con el Buda hará esfuerzos para abandonar el deseo, aunque pronto descubrirá que está deseando no desear, y cuando el alumno le presente de nuevo este problema al profesor, éste le dirá: «Bueno, intenta desear lo menos posible. No vayas más allá de tus capacidades». Y a esto en el budismo se le llama el Camino del Medio, el punto intermedio entre los extremos de la disciplina ascética y la búsqueda del placer, pero también es el punto intermedio en un sentido más sutil; es decir, no desees renunciar a desear más de lo que realmente puedes, y si eso te resulta difícil, entonces no desees poder llegar a desear más de lo que realmente puedes. ¿Qué significa eso? Que cada vez que el alumno alcanza un punto intermedio se aleja de una situación extrema.

El tercero es el nirvana, el objetivo del budismo. Este estado de liberación sería el equivalente a lo que los hindúes llaman el *moksha*. Partiendo de la raíz *nivritti,* nirvana significa en esencia «apagar». Algunas personas piensan que se refiere a apagar la llama del deseo, pero yo creo que más bien significa exhalar. En el pensamiento indio, prana (la exhalación) es el principio de la vida.

No puedes aguantar la respiración y seguir viviendo, y del mismo modo resulta terriblemente incómodo estar todo el tiempo aferrándote a la vida. Si te aferras a la vida, la pierdes. ¿Y por qué diablos deberías sobrevivir (o seguir viviendo) cuando la vida no es más que un lastre? Pero eso es precisamente lo que la gente hace, la gente se esfuerza arduamente para poder mantener un cierto nivel de vida que, por otra parte, les conlleva una gran cantidad de problemas. Compras una casa preciosa en una zona residencial y lo primero que haces es plantar césped, por supuesto. Pero luego te das cuenta de que tienes que salir mil veces a cortarlo y comprar herramientas y máquinas bastante caras, y pronto estarás tan hipotecado que salir a disfrutar de tu jardín será lo de menos. Dedicas todo tu tiempo a ganar dinero y pagar facturas, ¡qué tontería! El nirvana es la liberación, la exhalación, y como puedes ver, el nirvana no tiene nada que ver con la aniquilación, porque cuando exhalas el aire, luego regresa; el Nirvana no significa desaparecer en una especie de vacío desconocido, sino un estado de liberación, un estado de conciencia y un estado de sentirse presente aquí y ahora en esta vida.

Finalmente, llegamos a la más complicada de las Cuatro Nobles Verdades: el *marga*. Esta palabra en sánscrito significa «sendero» y, como bien enseñó Buda, hay que cruzar un sendero de los ocho pasos para llegar al nirvana. Como puede resultar complicado acordarte de los ocho pasos, es más fácil recordar que este sendero se divide en tres partes: *drishti, sila* y *smriti* («comprensión», «conducta» y «meditación»). Cada una de estas tres divisiones está precedida por la palabra *samyak* que generalmente se traduce como «correcto», y por lo tanto sería: comprensión correcta, conducta correcta y meditación correcta. Pero ésta no es la mejor de las traducciones. Puede que *samyak* signifique «correcto» en ciertos contextos, pero tiene muchos otros significados como «completo», «total», «que abarca todo» y «a mitad del camino» (es decir, el punto medio o de equilibrio). Por lo tanto, si nos servimos de esta última traducción, las enseñanzas de Buda te permitían ver las cosas desde un punto medio, te mostraban la manera intermedia de comprender, la manera intermedia de hablar, etc.

Ahora bien, esto puede resultar particularmente convincente cuando se tratan ideas budistas sobre el comportamiento; es decir, sobre la conducta. Los budistas de todo el mundo (monjes y laicos) prometen mantenerse fieles al *pancha sila* o los cinco principios. Sin embargo, estos principios no se entienden en ningún caso como mandamientos, ya que el budismo no presenta ningún tipo de ley moral establecida por un legislador cósmico.

La razón por la que uno se compromete con estos principios (abstenerse de quitarse la vida, de robar, de dar rienda suelta a tus pasiones sexuales, de mentir y hablar fingidamente y de intoxicarse) no tiene nada de sentimental, y hacerlo no te convertirá en una buena persona. La razón por la que uno se abstiene de estos comportamientos es porque resulta más conveniente para alcanzar la liberación. Si vas por ahí matando a gente te ganarás la enemistad de muchos y tendrás que estar defendiéndote constantemente; si vas por ahí robando cosas conseguirás hacerte con todo tipo de objetos, pero eso también supondrá enemigos; si das rienda suelta a tus pasiones, vas a perder mucho tiempo divirtiéndote; si empiezas a mentir, acabarás confundiéndote a ti mismo al tomarte las palabras demasiado en serio; y si te intoxicas, lo verás todo a través de una neblina que, obviamente, no tendrá nada que ver con el despertar. En otras palabras, estos principios son todos bastante prácticos.

Luego está el *smriti* o *samadhi:* la meditación. También significa recuerdo, memoria o presencia de tu mente; resulta curioso que una misma palabra pueda significar estos dos conceptos. Significa en sí tener presencia total de la mente. Hay un tipo de meditación maravillosa que practican los budistas del sur y a la que yo llamo La Casa que Jack Construyó Meditación, que consiste en ir caminando mientras te dices a ti mismo: «Levanto el pie, levanto el pie», y luego te dices a ti mismo, «Percibo que estoy levantando el pie», y luego, «Tengo tendencia a percibir la sensación de estar levantando el pie», y finalmente, «Soy consciente de que tengo tendencia a percibir la sensación de estar levantando el pie». Y así, con cada cosa que haces sabes que lo estás haciendo y eres consciente de ti mismo. No es algo fácil de hacer, por supuesto, y verás enseguida que hay tantas cosas que haces y que debes tener conciencia de que las haces en todo momento que, en el mejor de los casos, sólo podrás ser consciente de una o dos de ellas. Cuando practicas este tipo de meditación, descubres que es imposible estar ausente y que todos los pensamientos están en el presente y forman parte del presente. Cuando te percates de esto, estarás más cerca del *samadhi*. Cada secta de budistas e hinduistas tiene su propio punto de vista y su propia definición para el *samadhi*. Algunos piensan que es un trance, otros consideran que es un estado de conciencia vacío (es decir, saber sin ningún objeto de conocimiento) y para otros representa la unión entre el conocedor y lo conocido. No obstante, el *samadhi* del que Buda habla es la puerta de entrada al nirvana, es decir, el estado en el que la ilusión del ego como ente separado se desmorona.

Luego está el *drishti,* el entendimiento intermedio. En pocas palabras, el *anatman* en el budismo no sólo se aplica al ego individual, sino también a la noción de que hay un yo en el universo. Por esa misma razón, generalmente existe la suposición de que el budismo es ateísta, y eso sería cierto dependiendo de lo que se entienda por «ateísmo». El ateísmo común niega positivamente la existencia de cualquier dios, por lo que el budismo no hace exactamente eso. El budismo no niega que exista al Ser con S mayúscula (el gran *atman* o lo que sea), pero lo que sí defiende es que, con la creación de conceptos y doctrinas sobre cosas como ésta, es muy probable que te apegues a ellas y que, por lo tanto, empieces a creer en lugar de saber. Recuerda aquel dicho zen que dice así: «El budismo es un dedo que apunta a la luna, pero no confundas el dedo con la luna». Y aunque en Occidente diríamos: «La idea de Dios es un dedo que apunta a Dios», la mayoría de gente no sigue el recorrido del dedo porque chuparlo resulta mucho más cómodo.

Lo que hizo el Buda fue cortar el dedo y debilitar así todas las creencias metafísicas. Hay múltiples diálogos en las escrituras pali en los que la gente trata de acorralar al Buda en una posición metafísica: «¿El mundo es eterno?». No obtuvieron respuesta. «¿El mundo no es eterno?». El Buda respondió que no. «¿El mundo es eterno y no eterno a la vez?». Silencio. «¿El mundo no es ni eterno ni no eterno?». Más silencio. En todo momento el Buda, mantuvo el llamado *silencio noble o el trueno del silencio;* no era un silencio vacío, sino una ventana abierta que nos permite ver no conceptos, ideas o creencias, sino los mismos bienes. Si pronuncias aquello que ves, estas proyectando una imagen y un ídolo que confunde y engaña a la gente, así que es mejor destruir las creencias de las personas que predicar creencias. Sé que puede doler, pero es la verdad. Es lo que hace que la cáscara del huevo se rompa y libere al polluelo.

Por esa razón, en el budismo no se cuenta directamente la verdad, sino que se sugiere o se evidencia en forma de diálogo. Se pone en práctica un método de intercambio entre el maestro y el alumno mediante el cual el maestro hace que el alumno abra los ojos y vea las cosas como son, porque de eso se trata. Y precisamente como consiste en eso, podemos ver que el budismo evoluciona con el tiempo y se desarrolla y crece a medida que las personas exploran las sugerencias del Buda. La gente descubre todo tipo de cosas nuevas al explorar la mente y todos sus trucos, y luego hablan sobre todos estos descubrimientos y se los enseñan a otros. De modo que cualquier idea que te haga volver a las enseñanzas originales y básicas de Buda te está induciendo a error; no puedes *regresar* con Buda, sólo puedes seguir hacia Buda. El budismo es como una bellota, es una tradición viva que crece y crece. Una vez que el árbol comienza a crecer, nunca intentará volver a su forma original de bellota, sino que será una nueva bellota la que se convierta en la semilla de otro árbol.

No obstante, debería advertirte de algo: el estudio erudito del budismo es una obra maestra más allá de toda creencia. Hay una infinidad de escrituras canónicas en pali, sánscrito, tibetano y chino, y la mayoría de estas escrituras son terriblemente aburridas. Fueron escritas por monjes con mucho tiempo libre durante las tardes lluviosas en la temporada de monzones, por lo que repitieron, elaboraron y presentaron todo tipo de fanfarrias. Por ejemplo, podían mostrar y describir todos los Budas y seres que quisieran y más; cómo se reunían y cómo se sentaban, qué clase de reverencias hacían y todo ese tipo de cosas. Y al final quizás dejaban caer por allí alguna perla de sabiduría arrojada por el Buda. Por lo que, como ya te he advertido, está muy bien leer el *Dhammapada,* el sutra del *Diamante* o el *Lankavatara,* pero cuando te involucras con el interminable *Prajnaparamita* y todo lo relacionado con ello, te estás metiendo en terreno pantanoso.

Ten en cuenta también que los budistas son muy suyos con las escrituras y no las tratan del mismo modo que los cristianos tratan la Biblia. Los budistas respetan sus escrituras e incluso podrían leerlas de vez en cuando, pero, sobre todo, sienten que la palabra escrita es meramente secundaria y no es, en ningún caso, primordial. De hecho, puede llegar a ser un obstáculo muy serio. Como dijo una vez Chuang Tzu, el sabio taoísta: «Así como a un perro no se le considera buen perro por ladrar mejor, a un hombre no se le considera buen hombre sólo por hablar mejor». Debemos vigilar, pues, para no caer en las trampas de la palabra.

Capítulo 16

La transitoriedad
o como quieras llamarlo

Uno de los aspectos fundamentales del budismo es que el mundo está en cambio constante. El Buda enfatizó la transitoriedad, la irrealidad de un ser permanente y el sufrimiento. En realidad, el sufrimiento surge como consecuencia de la incapacidad de una persona para aceptar las otras dos características: el cambio y la falta de una identidad permanente. Te he visto hoy y mañana volveré a verte, y como desde mi punto de vista estarás más o menos igual que ayer, me da la impresión de que eres la misma persona; pero no lo eres, no del todo. Cuando veo un remolino, prácticamente nunca contiene agua, porque el agua está circulando a toda velocidad y constantemente a través de él. Lo mismo ocurre con las universidades, ¿qué es una universidad? Los estudiantes van y vienen, los profesores van y vienen también, pero a un ritmo algo más lento; los edificios cambian, la administración cambia. Entonces, ¿sigue siendo lo mismo? Una persona, un remolino y una universidad son todos ellos patrones o un tipo de sucesos en particular, y cada uno de nosotros es un remolino en la corriente de la existencia. Cada célula de nuestro cuerpo, cada molécula y cada átomo está en cambio constante; no hay nada que pueda inmovilizarse. Si nuestra observación de partículas atómicas y subatómicas modifica su comportamiento, ¿qué hacen entonces cuando no las miramos? ¿La luz del refrigerador realmente se apaga cuando cerramos la puerta?

Así pues, la filosofía budista es una filosofía del cambio. Pero depende de cómo se mire, el cambio puede ser horrible: todo fluye, y eso despierta una especie de tristeza o nostalgia, o tal vez incluso rabia.

Sin una cierta resistencia al cambio no podría existir esta maravillosa manifestación de la forma. Ésa es la danza de la vida. Pero la mente humana es plenamente consciente del tiempo, y eso hace que estemos constantemente pensando en el futuro y que, por lo tanto, sepamos de algún modo que cada forma visible desaparecerá y será reemplazada por otra. ¿Pero esta otra es realmente «otra»? ¿O son las mismas formas que vuelven de nuevo a estar allí? He aquí el gran misterio. ¿Las hojas que el año que viene crecerán en ese árbol son las mismas que las que crecieron este año? ¿A qué nos referimos con «las mismas»? Puede que tengan la misma forma y las mismas características botánicas, pero si coges una hoja arrugada del otoño pasado podrás notar la diferencia entre ambas. ¿Qué sucede cuando un músico toca una pieza musical en concreto y la vuelve a repetir al día siguiente? ¿Es la misma pieza musical o es otra? Hay una frase en pali que hace referencia a esto: *nacha so, nacha anno,* que significa «no es el mismo y, sin embargo, tampoco es otro».

Y de esta manera, el budismo habla sobre la reencarnación sin tener que creer en ningún tipo de entidad del alma que se reencarne, sino en una especie de *atman* o un yo inamovible que pasa de una vida a otra. Esto es tan cierto ahora, en esta vida que estamos viviendo en este instante, como lo será en nuestras próximas vidas cuando volvamos a aparecer una y otra vez a lo largo de millones de años; no habrá la más mínima diferencia. Hay intervalos largos e intervalos cortos, vibraciones altas y vibraciones bajas: por ejemplo, cuando escuchas una nota alta en la escala musical no podrás oír ningún intervalo en ella porque va demasiado rápida y suena completamente continua; pero cuando escuchas las notas audibles más bajas, puedes apreciar ese temblor de la música interrumpiéndose. De la misma manera, a medida que transcurre un día tras otro nos encontramos experimentando la vida a una velocidad de vibraciones alta, y, como no notamos los intervalos, eso nos transmite cierta sensación de continuidad. Pero entre generación y generación y entre vida y vida el ritmo es mucho más lento, y ahí sí que notamos los intervalos. Así pues, vivimos a muchos niveles de ritmo diferentes.

Ésta es la naturaleza del cambio, y si te resistes desencadenas el *dukkha,* es decir, la frustración y el sufrimiento. Pero, por otro lado, si comprendes y aceptas el cambio no tendrás ninguna necesidad de aferrarte a él y dejarás que fluya, y eso significará dejar de tener problemas porque todo se volverá extraordinariamente hermoso. Por eso, en la poesía el tema de la evanescencia del mundo se considera un tema precioso. Percy Bysshe Shelley escribió:

> Lo uno queda, lo mucho muda y pasa. La luz del cielo es resplandor eterno, la tierra sombra efímera. La vida cual cristalino domo de colores mancha y quiebra la blanca eternidad esplendorosa hasta que cae a los pies de la muerte en mil pedazos.

¿Qué hay de precioso en eso? ¿Que la luz del cielo es resplandor eterno? ¿O quizás el cristalino domo de colores quebrándose? Si te das cuenta, la imagen del cambio es la que siempre emana poesía. El autor es consciente de que las cosas siempre acaban y de que todo termina desapareciendo, y es precisamente allí donde reside la verdadera maravilla oculta. La palabra japonesa *yugen* hace referencia a la profundidad sutil, pero también es una forma de desencadenar cambios. Este concepto se ilustra poéticamente: sientes el *yugen* cuando ves, a lo lejos, algunos barcos escondidos detrás de una isla lejana; sientes el *yugen* cuando ves volar a los gansos salvajes y de repente desaparecen en las nubes; sientes el *yugen* cuando miras a tu alrededor desde una montaña en la que nunca has estado antes y ves el cielo al otro lado, pero en vez de subir hasta la cima para ver qué hay al otro lado de la montaña (eso no sería *yugen),* dejas que el otro lado sea el otro lado y que evoque algo en tu imaginación sin tratar de definirlo ni de explicarlo.

De la misma manera, el ir y venir de las cosas en este mundo es maravilloso. Se van, ¿pero a dónde van? No respondas, no desveles el misterio. Las cosas se desvanecen en el misterio, y si intentas perseguirlas destruyes el *yugen.* Hay un poema chino que dice así: «El viento cesa, pero los pétalos siguen cayendo. El pájaro canta y la montaña se vuelve más misteriosa». ¿No es extraño? Aunque haya dejado de soplar el viento, los pétalos caen, el pájaro en el cañón canta y ese cantar en las montañas hace que, de golpe, el silencio adquiera más intensidad. Esas leves transitoriedades son el origen de todo cambio y lo que te provocan esta extraña sensación llamada *yugen,* el misterio del cambio.

Supongamos que a través de algún tipo de magia diabólica pudiera hacer que tuvieras la misma edad para siempre. Sería terrible: en mil años seguirías joven y hermosa, pero en realidad serías una bruja vieja por dentro. El problema reside en que, como tenemos mentes unilaterales, sólo percibimos la ola de la vida cuando está en su máximo apogeo o su cúspide, mientras que cuando está en el punto más bajo (no como estaría normalmente) no la percibimos. Para nosotros, lo único que cuenta es la cima. Pongamos como ejemplo una sierra circular: a simple vista parece que las puntas dentadas sean lo que realmente produzca el corte y que los espacios entre los dientes no tengan nada que ver; pero sin los espacios no habría ninguna punta dentada y la sierra no podría cortar sin puntas *y* espacios. Y es precisamente eso lo que ignoramos. No nos percatamos tanto de los valles como lo hacemos con las montañas; como los valles van hacia abajo y las montañas hacia arriba, preferimos aquello que mira hacia arriba porque lo identificamos como bueno y lo de abajo como malo. Así que, como ignoramos el aspecto inferior de las cosas, toda sabiduría comienza enfatizando el aspecto inferior como diferente al superior, y como consecuencia fijarnos en la parte inferior de las cosas nos hace sentir bastante incómodos. Queremos deleitarnos sólo mirando la cima, pero eso lo único que hace es alejarnos del placer, porque en realidad sabemos que toda cima tiene un valle: el valle de la sombra de la muerte. Como no estamos acostumbrados a fijarnos en los valles, hacerlo nos produce pavor porque no estamos acostumbrados a vivir con ellos. Representan el extraño y amenazante desconocido, y tal vez tengamos miedo de que los valles sobrepasen y conquisten los picos; o tal vez que la muerte sea más fuerte que la vida, porque la vida siempre parece requerir muchos esfuerzos mientras que en la muerte te deslizas fácilmente.

Nos resistimos al cambio, y lo hacemos ignorando el hecho de que el cambio es vida y de que no hay nunca nada que no tenga un lado opuesto. La mayoría de las personas temen al espacio y lo ignoran, sin ni siquiera considerarlo algo en sí, pero el espacio y el sólido son dos formas de hablar de lo mismo, es decir, del espacio/sólido: nunca encontrarás un espacio sin sólidos ni sólidos sin espacio. No puede existir un universo en el que sólo haya espacio, ¿espacio entre qué? El espacio es relación: el espacio siempre va relacionado con un sólido, como la parte de atrás con la parte de delante de lo que sea. Pero la mente divisiva ignora el espacio y piensa que los sólidos lo son todo y que son lo único real. En otras palabras, la atención consciente ignora los intervalos. Pero fijémonos en la música: lo que realmente escuchas cuando suena una melodía es el intervalo entre una tonalidad y la otra o los tonos, por así decirlo, en la escala. Así pues, lo realmente importante es el intervalo. De la misma manera, el intervalo entre las hojas de este año y las hojas del año pasado (o de esta generación de personas y la última generación de personas) son igual de importantes. En realidad, no se podría decir que los intervalos sean más importantes que lo que hay entre los intervalos ni viceversa, porque ambos van juntos y son igual de importantes. El espacio, la noche, la muerte, la oscuridad… *No estar allí* es un componente esencial de *estar allí*, y no puede existir uno sin el otro.

En términos budistas más estrictos, aquel que sigue el camino del Buda es aquel que busca la liberación de su apego a un mundo en constante cambio. El Buda describió el nirvana (el estado más allá del cambio) como «el «no-nacido, el no originado, el no creado, el no formado», pero cuando alguien busca el nirvana como un estado diferente al samsara, en realidad lo que está buscando es algo permanente. Conforme iba pasando el tiempo, los budistas estuvieron pensando mucho en ello hasta que finalmente se produjo una división entre las dos grandes escuelas: la Theravada (a veces irrespetuosamente conocida como Hinayana) y la Mahayana. *Yana* significa «vehículo», «transporte», «diligencia» o «ferri». *Hina* significa «pequeño» y *maha* significa «grande», por lo que tenemos el vehículo pequeño y el vehículo grande. Pero ¿y eso por qué? Los mahayanistas vinieron y dijeron: «En tu pequeño vehículo para llegar al otro lado del nirvana sólo hay cabida para unos pocos que son estrictamente ascetas, mientras que nuestro gran vehículo muestra a la gente que el nirvana no se diferencia en nada de vida ordinaria». Así que cuando alcanzas el nirvana, si es que crees que has alcanzado realmente el nirvana y que has captado el secreto del universo y has alcanzado la paz, esa paz es totalmente falsa: sólo te has convertido en un Buda de piedra que ha pasado a creer en una nueva ilusión de lo inmutable. A ese tipo de persona se la llama *Pratyekabuddha* y son Budas solitarios que se guardan todo para sí mismos.

A diferencia de un *Pratyekabuddha* (aquel que alcanza el nirvana y se queda allí), los mahayanistas presentan la idea del bodhisattva, una especie de Buda joven que ha alcanzado el nirvana y que elige volver a la vida mundana para liberar a todos los demás; son como una especie de figuras salvadoras. En el budismo popular del Tíbet, China y Japón, la gente venera a los bodhisattvas, particularmente a aquéllos como Kuan Yin, llamado Kannon en Japón.

La gente venera a estos bodhisattvas como salvadores que han regresado para salvarnos a todos, pero hay otra interpretación mucho más esotérica. El «retorno al mundo» del bodhisattva significa que han descubierto que no es necesario ir a ninguna parte para encontrar el nirvana, porque el nirvana estará donde tú estés, siempre y cuando no te opongas a él.

Todo cambia, no hay nada que pueda retenerse. Si te dejas llevar por la corriente podrás fluir con ella, pero si te resistes a ella tendrás que enfrentarla. Sabiendo esto, nadarás junto a la corriente, seguirás hacia adelante y estarás en paz. Esto se vuelve particularmente cierto cuando pasamos por esos momentos en los que parece que la vida nos esté arrastrando y que la corriente de cambios nos vaya a engullir por completo. Y así, en el momento de la muerte nos retractamos y decimos: «¡No, no, no! ¡Eso no! ¡Todavía no!». Pero el problema reside en que, básicamente, nos damos cuenta de que lo único que uno puede hacer cuando llega ese momento es dejarse llevar por la corriente cascada abajo, del mismo modo que pasamos de un día a otro o nos vamos a dormir por la noche. Cuando llega ese momento, debemos estar totalmente dispuestos a morir.

No estoy predicando. No estoy diciendo que *debas* estar dispuesto a morir en el sentido de fortalecer tu coraje y poner tu mejor cara cuando finalmente llegue ese día tan temido; no me estoy refiriendo a eso. Lo que estoy intentando decir es que sólo puedes morir bien si comprendes cómo funciona este sistema de ondas y si entiendes que la desaparición de la forma en la que crees que eres *tú* (tu desaparición como este organismo en particular) es meramente temporal. Tú eres ese espacio oscuro más allá de la muerte y el intervalo de luz llamado vida por partes iguales. Éstas son solamente tus dos facetas, mientras que la ola completa eres tú. Sería imposible que existiera media ola, como también lo sería la existencia de un ser humano a medias, es decir, alguien que nazca y nunca muera. Eso sería quedarse sólo con mitad.

Cuando no te resistes al cambio (a cuando *no* te resistes en demasía más bien, ya que no estoy alentando a nadie a ser flojo o vago), te das cuenta de que el mundo cambiante no difiere en absoluto del nirvana. Recordemos que nirvana significa «exhalar», soltar el aire. De la misma manera soltamos también el mundo al no nos resistimos a los cambios. Este principio se aplica a todo. Y así es como el bodhisattva salva a los seres humanos sin predicarles ningún sermón, simplemente mostrándoles a todos que ya han sido liberados por el simple hecho de saber que no pueden detener los cambios.

No puedes aferrarte a ti mismo ni tampoco tienes por qué intentar no aferrarte a ti mismo, porque eso es imposible. Ésa es la salvación.

Memento mori: «recuerda que morirás». Según las enseñanzas de G. I. Gurdjieff, lo más importante para todos es darse cuenta de que tú y todas las personas que ves ahora mismo pronto morirán. Puede que esta idea suene muy deprimente para nosotros, quienes hemos ideado una cultura que se resiste fundamentalmente a la muerte. La muerte en el mundo occidental se concibe como un problema real; lo ocultamos y pretendemos que no ha sucedido. Cuando te diagnostican un cáncer terminal y te ingresan al hospital, todos tus amigos van a verte, te dicen que ya estás mucho mejor y que estarás en casa dentro de muy poco, etc. Los doctores y las enfermeras son tan agradables como distantes, porque saben que te estás muriendo y aun así no pueden decírtelo. Cuando la muerte se convierte en un problema como éste, se supone que si te estás muriendo no te estás comportando correctamente, porque se supone que debes vivir. No sabemos qué hacer, pues, con una persona moribunda. No obstante, podríamos hacer todo lo contrario: podríamos rodear a esa persona y decirle: «Oye, ¡tengo una gran noticia para ti! Vas a morir y será genial. Se acabaron las facturas, las responsabilidades y las preocupaciones. Vas a morir, y eso se merece una gran celebración. Organizaremos una gran fiesta, te pondremos un poco de morfina para que no sufras tanto, te quedaras recostado en la cama e invitaremos a todos tus amigos. Tomaremos todos champán y morirás al final de la fiesta, ¡será increíble!».

Intentemos pensar de una manera totalmente diferente; intentemos pensar que la muerte es un suceso tan saludable y natural como nacer, y con tan sólo ese pequeño cambio de actitud en nuestra sociedad nos fortaleceríamos todos. Deberíamos felicitar a aquellos que estén a punto de morir, porque justo en ese instante antes de la muerte tendrían la maravillosa oportunidad de liberarse. La muerte no es terrible, simplemente representa tu fin en cuanto a tu sistema de recuerdos. Así que justo antes de morir tienes esa gran oportunidad de desprenderte de todo, porque sabes que todo se irá y por eso te resultará más fácil dejarlo ir. Puedes repartir todas tus posesiones y decir lo que tengas que decir (en el caso de que haya algo a lo que te sigas aferrando o te moleste, entonces dilo), y no me refiero necesariamente a una última confesión, simplemente a cualquier cosa que necesites decir antes de irte. Cuando llegue el momento, lo que realmente importa es la actitud, porque la muerte puede ser tan positiva como el nacimiento y debería ser motivo de regocijo. Entonces, si quisiéramos abrazar alguna religión que nos hiciera bien, podría ser una que empezara partiendo de esta idea. Deberíamos tener también algo así como un Instituto para la Muerte Creativa, donde pudiéramos elegir entre un cóctel, unos gloriosos rituales religiosos con sacerdotes y todas esas cosas, tomar drogas psicodélicas, poner algún tipo de música en especial o lo que sea. Todos estos arreglos los proporcionarían los hospitales especializados en ofrecer muertes gloriosas. Éste sería el objetivo: irnos por todo lo alto en vez de lamentarnos.

Capítulo 17

La doctrina del vacío

Cuando descubres que no hay nada a lo que aferrarse y que no hay nadie a quien aferrarse, todo se vuelve bastante diferente y más bien increíble. No sólo todos tus sentidos están mucho más despiertos que antes y te sientes casi como si estuvieras flotando por el aire, sino que finalmente ves que no hay ninguna dualidad, que no hay ninguna diferencia entre el mundo ordinario y el nirvana. Son el mismo mundo visto desde otro punto de vista.

Por supuesto, si te sigues sintiendo identificando con algún tipo de ente invariable que esté allí sentado observando el mundo pasar, si no sientes ningún tipo de unión ni reconoces que eres inseparable de todo lo que te rodea, entonces esa misma postura de permanencia (de ser un observador permanente de la corriente) se volverá en tu contra y te hará sentir muy incómodo. La mayoría de nosotros tenemos ese sentimiento de ser observadores muy arraigado, y eso nos hace sentir que detrás de la corriente de nuestros pensamientos, sentimientos y experiencias hay algo que hace de pensador y de experimentador. Y, aparte, también sentimos que todo eso pertenece al interior y no al exterior del panorama cambiante de la experiencia.

Eso es lo que se podría llamar una «señal de partida». En algún momento dado, alguien quiso grabar su conversación telefónica y por ello se estableció un pitido cada setenta segundos para indicar que la conversación estaba siendo grabada. De manera similar, en nuestra experiencia cotidiana hay un pitido que nos indica que nuestra experiencia es continua, como cuando un compositor adapta un tema musical haciendo diversas variaciones del tema sin alterar la canción principal. No hay ningún ruido constante que se escuche todo el rato para indicarte que la pieza es continua, pero en la música hindú sí que existe algo parecido: el *drone*. Y ese *drone* representa el yo eterno que hay detrás de todas las formas cambiantes de la naturaleza, aunque eso sea sólo un símbolo. Para descubrir qué es lo realmente eterno no puedes hacerte una imagen ni aferrarte a ello.

Es psicológicamente más propicio para la liberación recordar que el pensador, aquel que siente y el experimentador son, junto a todas las experiencias, un único ser. Sin embargo, si por ansiedad intentas estabilizar o mantener de forma permanente a un observador aparte, entonces prepárate para entrar en conflicto. Esta sensación de que hay un observador por separado o alguien que piensa esos pensamientos es una abstracción que creamos nosotros mismos a partir de nuestra memoria. Pensamos en el yo (en el ego, más bien) como un baúl de recuerdos, una especie de caja de seguridad o un archivador donde se almacenan todas nuestras experiencias. Pero pensar así no es muy buena idea. La memoria es más un sistema dinámico, una repetición de ritmos, y estos ritmos son parte integral del flujo continuo de la experiencia actual. ¿Cómo distingues un recuerdo de algo que acabas de conocer ahora mismo? En realidad, no sabes absolutamente nada a menos que recuerdes, porque cuando sucede algo puramente instantáneo como sería un rayo de luz que dura tan sólo una millonésima de segundo, por ejemplo, no lo experimentaríamos realmente. No tienes el tiempo suficiente como para recordarlo, por lo que no te causa ninguna impresión. Todo el conocimiento que tienes ahora es fruto de la memoria.

Cuando miras algo, los bastoncillos y los conos de la retina se mueven y configuran una serie de vibraciones o ecos en tu cerebro, y estos ecos siguen resonando. El cerebro es extremadamente complicado. Por ejemplo, todo lo que sabemos lo recordamos, pero de alguna manera distinguimos entre ver a alguien ahora mismo y el recuerdo de haber visto a alguien que no está presente ahora mismo, pero que sí lo estaba en el pasado. Y cuando recuerdas la cara de esa otra persona sabes perfectamente que ahora no se encuentra aquí. ¿Cómo lo sabes? Las señales de la memoria tienen adjunta una señal o vibración diferente a las señales del presente, pero a veces las conexiones se cruzan entre ellas y las experiencias presentes nos llegan junto a una señal de memoria, y es entonces cuando experimentamos los *déjà vu,* esa sensación de haber vivido cierta experiencia con anterioridad.

Normalmente no somos capaces de reconocer que los recuerdos, aunque sean una serie de señales con un tipo especial de vibración unida a ellas para que no las confundamos con experiencias del presente, en realidad son parte de la experiencia del momento presente; son parte de este proceso de vida que fluye constantemente y no hay ningún observador aparte que se mantenga al margen del proceso y se limite a verlo pasar. Cuando aceptas esa idea dejas de aferrarte a esta sensación de aislamiento del yo, y por esa razón la muerte debería ser motivo de gran celebración: es la oportunidad para tener la mejor de las experiencias cuando finalmente te liberas, cuando puedes hacerlo porque sabes que no hay nada más que puedas hacer.

En la filosofía budista, esta aceptación del cambio se conoce como la doctrina del mundo de la vacuidad. Esta enseñanza no tuvo mucha relevancia hasta mucho después de la muerte de Buda; sus inicios se remontan alrededor del 100 a. e. c., y alcanzó su punto más álgido en el año 200 e. c. La doctrina fue fundada por los budistas Mahayana, quienes desarrollaron un tipo de literatura llamada *Prajnaparamita.* *Prajna* significa «sabiduría» y *paramita* se podría traducir como «para cruzar» o «para ir más allá». Los budistas de todo el mundo recitan las versiones del *Prajnaparamita,* particularmente una versión breve conocida como el sutra del Corazón en la que encontramos la siguiente frase: «La forma es vacío y el vacío es forma», y luego continúa desarrollando este tema. Por esa razón, los primeros misioneros supusieron que los budistas eran nihilistas que afirmaban que el mundo en realidad no era nada, pero la filosofía es mucho más sutil que eso.

Quien propagó estas enseñanzas mayoritariamente fue Nagarjuna, quien vivió en algún lugar alrededor del año 200 e.c. y poseyó una de las mentes más fascinantes que la raza humana haya podido tener jamás. La escuela de pensamiento de Nagarjuna fue bautizada como Madhyamaka, que significa «la doctrina del Camino del Medio» o «la doctrina del vacío».

El vacío significa esencialmente «transitoriedad» (nada a lo que agarrarse, nada permanente) y se refiere más específicamente a las ideas sobre la realidad, sugiriendo que la realidad va más allá de todo concepto. Si por ejemplo dices: «Existe un Dios», eso es un concepto, pero si dices: «No existe ningún Dios», eso también es un concepto. Nagarjuna enfatizó el método dialéctico de las enseñanzas budistas y en especial en la Universidad de Nalanda, destruida cuando los musulmanes invadieron la India y reconstruida, no obstante, en tiempos modernos. El método dialéctico es muy simple y puede realizarse de forma individual entre un estudiante y un maestro o en grupo; te sorprendería ver lo efectivo que puede llegar a ser un simple debate. El maestro va obteniendo poco a poco las premisas básicas de los participantes sobre la vida; es decir, sus suposiciones fundamentales. ¿Qué está bien y qué está mal? ¿En qué consiste vivir bien? ¿Cuáles son tus convicciones? Una vez expuestos todos estos pensamientos de cada alumno, el maestro se propone destruirlos.

Cuando tus creencias más básicas se desmoronan, te empiezas a desorientar como persona; te asustas e inmediatamente buscas algo de lo que depender. En este método dialéctico, el maestro no te ofrece ninguna idea alternativa, simplemente continúa con el proceso de análisis: «¿Por qué crees que tienes que depender de algo?». Esto perdura durante un largo período de tiempo, y lo único que previene a los estudiantes de volverse locos es la presencia del maestro que parece estar feliz como unas castañuelas. Cuando los estudiantes finalmente descubren el vacío (la vacuidad) se liberan, aunque no puedan describir exactamente por qué o qué es lo que han descubierto; por esa razón se le llama el vacío. Nagarjuna continuó diciendo que deberías «anular el vacío», es decir, no aferrarte a él. Así pues, el vacío de lo no-válido era el gran estado, por así decirlo, del budismo de Nagarjuna. No obstante, no debes olvidar que lo que se ha anulado (lo que se ha negado) son aquellos conceptos que hasta ahora te habían servido para determinar lo que es real. El zen te enseña que «no puedes clavar una estaca en el cielo». Ser alguien de los cielos (o ser alguien del vacío) significa no depender de nada, y cuando no te aferras a nada eres lo único que no se aferra a nada, es decir, al universo, y éste tampoco se aferra a nada. ¿A qué podría aferrarse? No hay ningún lugar con que poder chocar o donde caer. Esta noción resulta bastante extraña para las personas que, como nosotros, están acostumbradas a un rico y variado imaginario de lo divino: el Señor Dios en el Cielo resplandeciente de gloria con todos los colores del arcoíris rodeado de santos dorados, ángeles y todo lo demás. Eso nos da la sensación de estar contemplando una imagen positiva y nos hace creer que tenemos una religión realmente clamorosa y llena de color. Pero las cosas no funcionan así. Cuanto más clara sea tu imagen de Dios, menos poderosa será, porque es más un ídolo que otra cosa. No obstante, anulando esta imagen por completo no la conviertes en lo que tú consideras como vacío. ¿Cuál es tu concepto de vacío? ¿Estar perdido en la niebla? ¿En la oscuridad? ¿En algo como el espacio que hay detrás de tus ojos? ¿Un vacío en blanco? Ninguna de esas ideas se asemeja al vacío.

Para el sexto patriarca del zen, Huineng, aquellas personas que practicaban la meditación para conseguir vaciar sus mentes estaban cometiendo un gran error. Mucha gente intenta conseguirlo: se sientan y tratan de no tener ningún tipo de pensamiento en sus mentes ni tampoco sensaciones; cierran los ojos, se tapan las orejas y, en general, su objetivo es la privación sensorial. Los resultados son bastante interesantes: algunas personas pierden completamente la razón, a otras no les molesta en absoluto y en otros casos experimentan una sensación agradable de ingravidez. He comentado en otra ocasión que la persona que realmente acepta la transitoriedad comienza a experimentar una sensación de ingravidez. Cuando le preguntaron a D. T. Suzuki qué se sentía al experimentar el *satori* (la iluminación) él respondió: «Es como una experiencia más del día a día, pero a unos cinco centímetros del suelo». Como Chuang Tzu dijo una vez: «Es bastante fácil quedarse quieto; lo realmente difícil es caminar sin tocar el suelo».

¿Por qué nos sentimos tan pesados? No se trata sólo de la gravedad o del peso, sino a que creemos que vamos de un lado a otro cargando con este cuerpo. Como dicen los *koans* zen: «¿Quién arrastra este cadáver arriba y abajo?». En el lenguaje cotidiano nos referimos a la vida como un *lastre* o como una *carga sobre nuestros hombros*. ¿Quién está llevando esta carga? Ésa es la cuestión. Si conseguimos que no quede nadie quien a quien podamos adjudicarle esa carga, el cuerpo deja de ser una carga, pero mientras te enfrentes a él, esa carga no desaparecerá. Y cuando ya no quede nadie que se resista a lo que llamamos cambio (que es simplemente otra palabra para designar la vida), cuando disipemos la ilusión de ser nosotros mismos quienes pensemos nuestros pensamientos en lugar de ser sólo una corriente de pensamientos, y cuando dejemos de pensar que somos nosotros quienes sentimos nuestros sentimientos en vez de ser sólo sentimientos, entonces la vida dejará de ser una carga. Sentir sentimientos es una expresión redundante, es como decir que escuchas sonidos cuando sólo puedes escuchar sonidos; no hay ningún sonido que no se escuche. Ver es vista; no ves *vistas,* eso es ridículo.

Pensar de esta forma redundante es comparable a la oscilación en un sistema eléctrico donde hay demasiada información. En los teléfonos de antaño el auricular y el micrófono estaban separados, y si realmente querías molestar a alguien podías poner el auricular en el lugar del micrófono y crear este terrible alarido que resultaba muy desagradable para los oídos. Eso se debe a la oscilación. Por lo tanto, cuando piensas que piensas en tus pensamientos, las consecuencias son similares: «Estoy preocupado y no debería preocuparme, pero como no puedo dejar de preocuparme, me preocupa el hecho de estar preocupado». ¿Y a dónde nos lleva todo eso? Para nosotros, esa oscilación se traduce en ansiedad, pero con el método de Nagarjuna puedes llegar a suprimir esa ansiedad al descubrir que por mucha ansiedad que sientas, eso no influye en nada de lo que vaya a suceder. No importa lo que hagas, porque vas a morir de todas formas. No lo apartes en el fondo de tu mente como algo a considerar más tarde, porque es lo más importante a considerar en este momento y es lo que te permite liberarte. No tienes por qué estar defendiéndote todo el tiempo ni tampoco tienes por qué malgastar todas tus energías en estar defendiéndote de ti mismo.

En el imaginario budista, a menudo se simboliza el vacío con un espejo; un espejo no tiene color, simplemente refleja todos los colores que aparecen en él. Huineng también dijo que el vacío era como el espacio, porque el espacio lo contiene todo: montañas, océanos, estrellas, buenas personas, malas personas, plantas, animales, todo. Y lo mismo ocurre con la mente: el espacio es tu mente. A nosotros nos resulta difícil entenderlo porque pensamos que estamos en el espacio y que lo observamos desde dentro hacia afuera. Todo el espacio y todo tipo de espacios (visuales, dimensionales, audibles, temporales, musicales, tangibles) son la mente; son dimensiones de la conciencia, por lo que el gran espacio que todos comprendemos desde un punto de vista ligeramente diferente y en el que se mueve el universo es la mente. Por esa razón la mente se representa como un espejo, porque un espejo no tiene color, pero puede recibir todo tipo de colores. El cristiano místico Meister Eckhart del siglo XIII dijo: «Para ver color, mis ojos no deben tener ningún color». De la misma manera, para ver, oír, pensar y sentir, debemos tener la mente vacía. La razón por la que no tienes conciencia de tus propias células cerebrales es porque están vacías, y eso te permite experimentar.

Éste es el principio esencial del Mahayana. Cuando los monjes budistas hindúes llegaron a China y los chinos vieron que se sentaban e intentaban quedarse completamente inmóviles sin participar en ninguna actividad mundana (y que eran también castos) pensaron que estaban locos. ¿Por qué hacían todo eso? Los chinos eran muy prácticos, y eso hizo que reformaran el budismo y permitieran que los sacerdotes budistas se casaran. Su historia favorita de la India era la de un profano (el adinerado mercader Vimalakirti) que podía rebatir a cualquier otro discípulo de Buda e incluso llegó a ganar un debate contra Manjushri, el bodhisattva de la sabiduría. Todos ellos tuvieron una disputa sobre la definición del vacío: los monjes dieron su definición, Manjushri dio la suya, y finalmente le tocó a Vimalakirti. Pues bien, aquel hombre de negocios no dijo absolutamente nada; y así fue como ganó la disputa, con el trueno del silencio.

Acerca del autor

Alan Watts nació el año 1915 cerca de Londres. Desde bien pequeño vivió rodeado de imágenes del Lejano Oriente que pertenecían a una extensa colección de arte chino y japonés que tenía su madre, quien ejerció como profesora de internados para los hijos de los misionarios en Asia. Al poco tiempo despertó en él un interés por la filosofía oriental y, siendo todavía un adolescente, se declaró budista tras descubrir el Buddhist Lodge en Londres, donde conoció al autor Christmas Humphreys y posteriormente a D. T. Suzuki.

Watts estuvo colaborando como editor en el diario *The Middle Way* del Lodge y escribió su primer folleto a los dieciséis años. A finales de los años treinta se mudó de Londres a Nueva York y, pocos años después, obtuvo un máster en Teología por el Seminario teológico Sudbury-Western, cerca de Chicago. Allí sirvió como sacerdote episcopal durante seis años para luego abandonar la iglesia en 1950 y mudarse un año después a San Francisco, donde, invitado por Frederic Spiegelberg, impartió clases en la Academia Americana de Estudios Asiáticos.

Posteriormente se convirtió en decano de la academia, y en 1957 publicó *The Way of Zen,* uno de los primeros libros sobre el budismo en convertirse en un éxito en ventas. En 1958 inició la primera de muchas giras nacionales e internacionales, en la que impartió conferencias en facultades, universidades y más tarde en centros de crecimiento emergente. Finalmente le concedieron un doctorado honorífico en divinidad por la Universidad de Vermont y obtuvo una beca de investigación por la Universidad de Harvard. A mitad de los años sesenta, Watts se había convertido en el intérprete más relevante del budismo, el zen, el hinduismo y el taoísmo en Occidente.

Alan Watts escribió más de veinticinco libros, incluyendo *The Book: On the Taboo Against Knowing Who You Are, The Wisdom of Insecurity,* y *Psychotherapy East and West.*

Tras abandonar la Academia Americana de Estudios Asiáticos, Watts continuó escribiendo y viajando durante la década de los setenta y principios de los setenta: grabó centenares de entrevistas, conferencias, seminarios y dos series de televisión. Escribió para *Elle, Playboy, Redbook* y para *Chicago Review,* y fue considerado por los defensores de la contracultura como una figura espiritual. Falleció el año 1973 en su domicilio cerca de Muir Woods. Su hijo Mark Watts continúa actualmente con el trabajo de su padre a través de la Alan Watts Electronic University con la publicación de cursos y programas de radio extraídos a partir de los innumerables archivos audiovisuales de Alan Watts y ha producido también el documental: *Why Not Now?*

Índice